U0836945

中华人民共和国禁毒法

注释本

法律出版社法规中心　编

法律出版社
LAW PRESS CHINA
·北　京·

图书在版编目(CIP)数据

中华人民共和国禁毒法注释本／法律出版社法规中心编．--3版．--北京：法律出版社，2019(2022.4重印)
(法律单行本注释本系列)
ISBN 978-7-5197-3361-2

Ⅰ．①中…　Ⅱ．①法…　Ⅲ．①禁毒-行政法-法律解释-中国②毒品管理-法规-法律解释-中国　Ⅳ．①D922.145

中国版本图书馆CIP数据核字(2019)第063946号

中华人民共和国禁毒法注释本
ZHONGHUA RENMIN GONGHEGUO JINDUFA ZHUSHIBEN
法律出版社法规中心　编
责任编辑　陶玉霞
装帧设计　李　瞻

出版发行　法律出版社
编辑统筹　法规出版分社
责任校对　张红蕊
责任印制　耿润瑜
经　　销　新华书店
开本　850毫米×1168毫米　1/32
印张　6.875　　字数　170千
版本　2019年5月第3版
印次　2022年4月第2次印刷
印刷　天津嘉恒印务有限公司

地址：北京市丰台区莲花池西里7号(100073)
网址：www.lawpress.com.cn
投稿邮箱：info@lawpress.com.cn
举报盗版邮箱：jbwq@lawpress.com.cn
销售电话：010-83938349
客服电话：010-83938350
咨询电话：010-63939796

书号：ISBN 978-7-5197-3361-2　　定价：20.00元
凡购买本社图书，如有印装错误，我社负责退换。电话：010-83938349

编辑出版说明

当今社会，法律发挥的作用越来越大，涉及社会生活的方方面面。然而，晦涩的专业术语，艰深的法律理论，庞杂的立法体系，这些法律与生俱来的特点，却都成为了读者理解、掌握法律的障碍。

为了解决这个矛盾，本社特组织编辑出版了这套法律注释本系列丛书。除了法律文本为权威标准文本外，还最大限度地突出了本套书的实用性与易用性，本套书有以下特点：

(1)**专业人员编写。**本丛书皆由相关法律专家编写，内容准确，并力求语言通俗，使普通大众读者能轻松地理解。

(2)**重点法条注释。**对重点法条进行条文注释，且每个条文都提炼出条文主旨，帮助读者准确理解法条内容。

(3)**相关配套规定。**书末附录一些较为重要的相关法律、法规和司法解释，使读者在使用中更为方便、实用。

需要说明的是，本丛书中“适用提要”“条文主旨”“条文注释”等内容皆是编者为方便读者阅读、理解而编写，不同于国家正式通过、颁布的法律文本，不具有法律效力。

本书不足之处，恳请读者批评指正。

法律出版社法规中心

2019年2月

目　　录

附　　录

一、行政管理

《中华人民共和国禁毒法》适用提要

2007年12月29日,第十届全国人大常委会第三十一次会议通过了《中华人民共和国禁毒法》,这是一部全面综合规范禁毒工作的重要法律。禁毒法的通过,对于预防和惩治毒品违法犯罪行为,保护公民身心健康,维护社会秩序,具有重要意义。

(一)禁毒法的指导原则

制定本法主要遵循了以下三个原则:

一是“专群结合”。禁毒工作涉及面广,社会性强,是一项系统工程,既需要公安机关等专门机关加强执法,严厉打击毒品违法犯罪活动,更需要紧紧依靠广大人民群众,依靠全社会的广泛参与。

二是预防与惩治相结合。毒品易沾难戒,加强预防工作十分必要,既要动员全社会加强对毒品危害性的宣传教育,严格落实防范措施,特别是要预防青少年沾染毒品,又要加大对毒品违法犯罪行为的惩治力度。

三是教育与救治相结合。吸毒人员既是违法者,又是病人和受害者,对吸毒人员要惩罚,更要教育和救治。这就需要大力推进社会帮教戒毒与强制戒毒相结合的戒毒模式,引导吸毒人员在社会生活状态下戒毒,巩固戒毒成果。

（二）主要内容

本法共七章七十一条，主要规定了禁毒工作方针和工作机制、禁毒宣传教育、毒品管制、戒毒措施、禁毒国际合作以及法律责任等。

1. 关于禁毒工作方针和工作机制。根据党中央、国务院关于“通过立法明确把禁毒纳入国民经济和社会发展的总体规划，确定禁毒领导体制、工作机制、保障机制”的要求，本法规定：禁毒是全社会的共同责任，禁毒工作实行禁吸、禁贩、禁种、禁制并举，预防为本，综合治理的方针。实行政府统一领导，禁毒委员会组织、协调、指导，有关部门各负其责，社会广泛参与的工作机制。并将禁毒工作纳入国民经济和社会发展规划，禁毒经费列入财政预算予以保障。

2. 关于禁毒宣传教育工作。为了增强全社会的禁毒意识，预防毒品违法犯罪行为发生，本法对毒品预防和禁毒宣传教育作了详细的规定：一是规定国家采取各种形式开展全民禁毒宣传教育，普及毒品预防知识，各级人民政府应当经常组织开展多种形式的禁毒宣传教育。二是规定教育行政部门、学校、新闻、出版、文化、广播、电影、电视等有关文化部门，应当按照各自的职责，加强禁毒宣传教育。三是规定飞机场、火车站、旅店、娱乐场所等公共场所的经营者、管理者负责本场所的禁毒宣传教育，落实禁毒防范措施。四是规定机关、团体、企事业单位和其他组织应当在本单位、本系统开展禁毒宣传教育。五是规定城乡基层群众性自治组织应当落实禁毒宣传教育和禁毒防范措施。六是父母或者其他监护人应当对未成年子女或者其他被监护人进行毒品危害的教育。

3. 关于毒品管制。为了有效遏制毒品来源和吸食毒品，本法专门就毒品管制作了规定：一是规定对麻醉药品、精神药品、易制毒化学品以及毒品原植物严格管制。二是规定国家对麻醉药品和精神药品、易制毒化学品的生产、经营、购买、运输、进口、出口等实行许可制度，禁止非法生产、买卖、运输、储存、提供、持有、使用麻醉药品、精神药品和易制毒化学品。三是规定公安机关可以在边境地区、交通要道等场所进行毒品和易制毒化学品检查。四是规定娱乐场所应当建立巡查制度。五是规定对涉毒财物，公安机关应依法收缴。六是对禁毒反洗钱工作作了原则规定。

4. 关于戒除毒瘾的基本措施。本法规定了戒毒工作的基本方针，确立了自愿戒毒、社区戒毒、强制隔离戒毒三种形式并行的戒毒模式。一是规定国家把采取各种措施帮助吸毒人员戒除毒瘾，教育和挽救吸毒人员作为戒毒工作的基本方针。二是规定公安机关有权进行检测以确认吸毒人员。三是规定了社区戒毒的适用条件、执行主体、基本内容、期限等。四是规定了强制隔离戒毒的适用条件、决定程序、基本内容、期限、对公安机关作出的强制隔离戒毒决定不服的救济途径以及强制戒毒场所的戒毒管理制度如“临时保护性约束措施”等。五是规定了自愿戒毒的处理。六是规定了社区康复作为强制戒毒的后续帮教措施。七是对戒毒药物维持治疗作了原则规范。八是规定戒毒人员在入学、就业、享受社会保障等方面不受歧视，有关部门应当为戒毒人员的入学和就业给予指导和帮助。

5. 关于禁毒国际合作。为了加强禁毒国际合作，本法对禁毒国际合作的原则、内容和工作机制，禁毒情报信息交流，涉毒财物分享，替代发展等问题作了规定。

6. 关于违反禁毒法律规范的法律责任。规定了一般主体涉及毒品违法犯罪行为的法律责任以及特殊主体违反操作规范和禁毒法律规范的法律责任。

（三）本法与其他禁毒法律法规的关系

1990 年全国人大常委会制定通过了《关于禁毒的决定》（本法施行时，该决定废止），该决定的主要内容是对各类毒品违法犯罪行为规定了处罚措施。1995 年国务院发布的《强制戒毒办法》

（2011 年《戒毒条例》公布后，该办法废止）、2000 年公安部制定的《强制戒毒所管理办法》（2011 年已废止）主要规定了强制戒毒制度。2003 年司法部制定的《劳动教养戒毒工作规定》（2013 年已废止）主要规定了劳动教养戒毒制度。2005 年国务院制定的《麻醉药品和精神药品管理条例》（2016 年修订）、《易制毒化学品管理条例》（2018 年修订）、2006 年公安部制定的《易制毒化学品购销和运输管理办法》分别规定了国家对麻醉药品、精神药品、易制毒化学品的生产、经营、运输、储存、购买、使用、原植物种植等方面的管制制度。刑法和治安管理处罚法规定了毒品违法犯罪行为的法律责任。本法对上述法律法规进行了整合，从禁毒工作的方针和工作机制、禁毒宣传教育、毒品管制、戒毒措施（社区戒毒、强制隔离戒毒、自愿戒毒）、禁毒国际合作以及法律责任六个方面进行规定，使禁毒法律规范更加系统化。对上述法律法规中的有关制度予以完善，并增加了许多新的规定。其中重点是戒毒宣传教育和戒毒措施将强制戒毒和劳动教养戒毒两种强制戒毒措施统一改为强制隔离戒毒，并增加规定了社区戒毒和自愿戒毒的规定，戒毒体制更加有区分度和灵活性。再如，上述各项法律法规中规定了各类禁毒主体，但没有规定一个统一的禁毒领导或协调机构，本法则规定设立了禁毒工作的组织协调机构禁毒委员会。

中华人民共和国禁毒法

（2007年12月29日第十届全国人民代表大会常务委员会第三十一次会议通过　2007年12月29日中华人民共和国主席令第79号公布　自2008年6月1日起施行）

第一章　总　　则

第一条　【立法目的】[①] 为了预防和惩治毒品违法犯罪行为，保护公民身心健康，维护社会秩序，制定本法。

条文注释[②]

预防和惩治毒品违法犯罪行为是禁毒立法的直接目的，保护公民身心健康、维护社会秩序则是禁毒立法的根本目的。有效预防和惩治毒品违法犯罪行为，又是达到保护公民身心健康、维护社会秩序这两个立法目的的前提条件和手段。

毒品的严重危害性决定了禁毒必须以预防为主，同时依法严惩毒品犯罪活动。禁毒立法通过对禁毒工作的原则、各个社会主体的责任、毒品的管制、戒毒措施、国际合作、法律责任等方面的规定，使禁毒法律制度系统化，有助于协调各方，形成预防和惩治毒品违法犯罪行为的合力。

吸毒直接损害吸食者的身心健康，甚至导致其死亡。吸毒

---

①② 条文主旨、条文注释为编者所加，下同。

对家庭和社会也有极大的危害。吸毒成瘾者为了获得毒品、毒资，往往不顾一切，极易从事违法犯罪活动，吸毒还会导致各类传染病蔓延。因此禁毒的根本目的就在于保护公民身心健康、维护社会稳定。

第二条　【毒品定义】本法所称毒品，是指鸦片、海洛因、甲基苯丙胺（冰毒）、吗啡、大麻、可卡因，以及国家规定管制的其他能够使人形成瘾癖的麻醉药品和精神药品。

根据医疗、教学、科研的需要，依法可以生产、经营、使用、储存、运输麻醉药品和精神药品。

条文注释

本条第一款规定了毒品的定义。毒品是一种对人体有毒害性的并能使人对其产生依赖性因而被国家列入管制范围的物质。“国家规定管制的其他能够使人形成瘾癖的麻醉药品和精神药品”，是指与列举出来的几类毒品危害性相当的麻醉药品和精神药品。世界各国通常都采用不定期公布被管制药品清单的方法来确认麻醉药品和精神药品的范围。根据《麻醉药品和精神药品管理条例》的规定，我国对麻醉药品和精神药品实行目录管理，麻醉药品和精神药品的目录，由国务院药品监督管理部门会同国务院公安部门、国务院卫生主管部门制定、调整并公布。

在医疗、教学、科学研究中可以生产、经营、使用、储存、运输麻醉药品和精神药品，但要严格依法进行，《麻醉药品和精神药品管理条例》对麻醉药品和精神药品从原植物的种植、实验研究和生产、经营、使用、储存、运输等各个环节及审批程序和监督管理等方面作了严格规定。

关联法规

《中华人民共和国刑法》第357条

《麻醉药品和精神药品管理条例》第3条

《麻醉药品和精神药品品种目录》

《非药用类麻醉药品和精神药品列管办法》

第三条 【禁毒的社会责任】禁毒是全社会的共同责任。国家机关、社会团体、企业事业单位以及其他组织和公民,应当依照本法和有关法律的规定,履行禁毒职责或者义务。

条文注释

本条是关于禁毒社会责任的规定。毒品危害全社会的共同利益,因此禁毒是全社会的共同责任。做好禁毒工作,涉及社会管理的各个方面,除了负有禁毒专门职责的国家机关要切实履行自己的职责外,其他各个国家机关也要正确处理好自己的日常工作与所分担的禁毒工作的关系,履行好各自与禁毒有关的职责。

禁毒法强化了社会组织和公民个人在禁毒方面的义务,如在禁毒宣传教育方面规定:工会、共青团、妇联应当结合各自工作对象的特点,组织开展禁毒宣传教育;学校应当将禁毒知识纳入教学内容,对学生进行禁毒宣传教育;新闻、出版、文化、广播、电影、电视等有关单位,应当有针对性地面向社会进行禁毒宣传教育;飞机场、火车站、长途汽车站、码头以及旅店、娱乐场所等公共场所的经营者、管理者,负责本场所的禁毒宣传教育;各个单位、社会组织应当加强对本单位人员的禁毒宣传教育;居民委员会、村民委员会应当协助人民政府以及公安部门,加强禁毒宣传教育;未成年人的父母或者其他监护人应当对未成年人进行毒品危害的教育、防范等。在戒毒工作方面,规定了社区戒毒和社区康复制度。

第四条 【禁毒工作方针和工作机制】禁毒工作实行预防为主,综合治理,禁种、禁制、禁贩、禁吸并举的方针。

禁毒工作实行政府统一领导,有关部门各负其责,社会广泛参与的工作机制。

条文注释

本条第一款是关于禁毒工作方针的规定。坚持预防为主就要从源头上禁毒。遏制毒品的种植和走私,开展禁毒宣传教育防止新增吸毒人员,严格依法加强对麻醉药品药用原植物种植,麻醉药品和精神药品以及易制毒化学品的生产、经营、运输、储存、使用环节的管理等,都是从源头上禁毒。"综合治理",是指"禁种、禁制、禁贩、禁吸"四禁并举。一是合法的种、制、贩、吸要严格依照法定条件和操作规范进行;二是对违法的种、制、贩、吸要严厉打击。

本条第二款是关于禁毒工作机制的规定。政府统一领导,表明了禁毒工作首先是政府的责任。国务院设立国家禁毒委员会,专门负责组织、协调、指导全国的禁毒工作,县级以上地方各级人民政府根据禁毒工作的需要,可以设立禁毒委员会,负责组织、协调、指导本行政区域内的禁毒工作。各部门依法履行各自承担的职责,并相互协作。社会团体、企业事业单位以及其他组织和公民都应当承担各自在禁毒领域的义务。

第五条　【禁毒委员会】国务院设立国家禁毒委员会,负责组织、协调、指导全国的禁毒工作。

县级以上地方各级人民政府根据禁毒工作的需要,可以设立禁毒委员会,负责组织、协调、指导本行政区域内的禁毒工作。

条文注释

本条第一款规定了国家禁毒委员会的设立及其职责。禁毒委员会的职责为组织、协调、指导全国的禁毒工作。首先,国家禁毒委员会的工作范围是全国的禁毒工作而不限于中央层面;其次,国家禁毒委员会的工作职责和方式是组织、协调和指导,不包括领导,因为国家禁毒委员会不是一级行政部门。所谓组织,是指负责筹划、领导和部署相关的禁毒专项工作、行动等事项。所谓协调,是指依法对涉及多个部门的与禁毒有关的事项,进行统筹、协商和安排,保证国家机关之间各负其责,相互协作。所谓指导,是指对禁毒相关事项提出指导性意见。

根据第二款规定,县级以上地方政府可以设立禁毒委员会,不是必须层层设立。没有设立禁毒委员会的地方,组织、协调、指导工作应当由当地人民政府承担。

第六条 【禁毒工作保障】县级以上各级人民政府应当将禁毒工作纳入国民经济和社会发展规划,并将禁毒经费列入本级财政预算。

条文注释

国民经济和社会发展规划是国家根据经济、社会发展的要求,对未来计划期内国民经济和社会发展各主要方面所作的统筹部署和安排,是指导国民经济和社会发展的纲领性文件。毒品问题是严重的社会问题,解决不好,将直接影响构建和谐社会、全面建设小康社会战略目标的实现。因此,县级以上地方各级政府,都有必要将禁毒工作作为政府公共管理和社会服务的重要内容,纳入国民经济和社会发展总体规划,作为政府制定有关政策和年度计划的依据。有关部门要制订有关禁毒工作的专项计划,作为政府制定相关政策、部署相关工作的依据。同时,各级政府还要合理安排用于禁毒工作的财政预算,保证禁毒工作有充足的经费保障。

关联法规

《戒毒条例》第3条

第七条 【鼓励禁毒社会捐赠】国家鼓励对禁毒工作的社会捐赠,并依法给予税收优惠。

条文注释

社会组织和公民个人捐赠禁毒公益事业，除了增加经费，还能使公众积极参与到禁毒事业中来，形成全民禁毒的氛围。捐赠是自愿和无偿的行为，不得强行或变相摊派，更不能借名敛财。禁毒社会捐赠应当由依法成立的与禁毒有关的公益性单位接受，境外捐赠人要求县级以上人民政府及其部门作为接受人的，县级以上人民政府及其部门也可以接受捐赠，并依法管理捐赠财产。捐赠财产的使用应当尊重捐赠人的意愿，符合禁毒公益目的，不得挪作他用。

社会组织和公民积极捐赠禁毒公益事业应当予以鼓励，包括给予税收优惠。如公益事业捐赠法规定，公司、个人捐赠财产用于公益事业，依法享有企业所得税、个人所得税优惠等，用于公益事业的捐赠物资，通过海关时可以减、免征关税。

关联法规

《中华人民共和国公益事业捐赠法》第24～26条

第八条　【鼓励禁毒科学技术研究】国家鼓励开展禁毒科学技术研究，推广先进的缉毒技术、装备和戒毒方法。

条文注释

“国家鼓励开展禁毒科学技术研究”，是指国家鼓励和提倡社会各方面，包括单位和个人开展禁毒工作科学技术研究，探索行之有效的科学禁毒方法。禁毒科学技术主要包括三个方面的技术：一是及时发现毒品的生产地点的技术，这是消除毒品源头的关键；二是及时缉查走私贩卖毒品违法犯罪活动的技术；三是先进的戒毒方法。

关联法规

《戒毒条例》第8条

第九条 【鼓励举报毒品违法犯罪】国家鼓励公民举报毒品违法犯罪行为。各级人民政府和有关部门应当对举报人予以保护，对举报有功人员以及在禁毒工作中有突出贡献的单位和个人，给予表彰和奖励。

条文注释

"各级人民政府和有关部门应当对举报人予以保护"，是指各级人民政府有责任采取各种措施，对举报人员进行安全保护。这种保护包括事前保护和事后保护，应当以事前保护为主。事前保护即提前采取措施有效预防被举报的人员打击报复，如对举报人信息采取有效的保密措施，在需要作证时根据案件情况可以对举报人采取一些保密性的技术处理、对被举报人员的预先警告等。事后保护是指当毒品违法犯罪分子对举报人实施报复时应当及时追究责任。保护的范围不仅仅限于举报人本人，也包括举报人家属，不仅包括人身也包括财产。对举报人予以保护应当有相应的经费支持。

"举报有功人员"主要是指通过其对毒品违法犯罪活动的举报，对发现及抓获违法犯罪嫌疑人、侦破毒品犯罪案件给予了重要帮助的人员。"在禁毒工作中有突出贡献的单位和个人"，既包括负有禁毒工作职责的单位和个人，如公安、边防、海关工作人员等，也包括其他单位和个人。

关联法规

《易制毒化学品管理条例》第 6 条

《娱乐场所管理条例》第 37 条

第十条 【鼓励禁毒志愿工作】国家鼓励志愿人员参与禁毒宣传教育和戒毒社会服务工作。地方各级人民政府应当对志愿人员进行指导、培训，并提供必要的工作条件。

条文注释

“戒毒社会服务工作”主要是指志愿人员协助有关机构和社会基层组织，对本社区内的吸毒人员进行帮助戒毒的社会工作。戒毒人员回归社会后，为防止其复吸，志愿人员帮助、督促、约束他们远离昔日的毒友，切断他们的毒品来源，并经常组织他们开展一些有益于身心健康的活动，对他们不断地进行有关禁毒的宣传教育等。

“地方各级人民政府应当对志愿人员进行指导、培训”，是指地方各级人民政府有义务给予志愿人员必要的指导、培训，请有关专业人士给他们讲解毒品危害的基本知识和做好戒毒社会服务工作应当具备的常识技能。“提供必要的工作条件”是指提供场地、物质条件，协调和解决在进行禁毒宣传教育活动和进行戒毒社会服务工作中遇到的各种问题和困难等。

第二章　禁毒宣传教育

第十一条　【国家禁毒宣传教育】国家采取各种形式开展全民禁毒宣传教育，普及毒品预防知识，增强公民的禁毒意识，提高公民自觉抵制毒品的能力。

国家鼓励公民、组织开展公益性的禁毒宣传活动。

第十二条　【各级政府和有关组织禁毒宣传教育】各级人民政府应当经常组织开展多种形式的禁毒宣传教育。

工会、共产主义青年团、妇女联合会应当结合各自工作对象的特点，组织开展禁毒宣传教育。

第十三条　【教育部门禁毒宣传教育】教育行政部门、学校应当将禁毒知识纳入教育、教学内容，对学生进行禁毒宣传教育。公安机关、司法行政部门和卫生行政部门应当予以协助。

条文注释

按照第13条规定,教育行政部门和学校应当通过编写教材、安排教学课时或者安排专门的教育内容等方式,对学生进行禁毒知识的宣传教育。公安机关、司法行政部门和卫生行政部门应当协助教育行政部门和学校对学生进行有关禁毒知识的宣传教育。如可以邀请战斗在禁毒工作第一线的公安干警,结合打击毒品违法犯罪活动的真实案例来对学生进行法制宣传教育,组织学生参观戒毒所,让有关专家走进课堂进行毒品知识的宣传教育等。

第十四条 【新闻媒体禁毒宣传教育】新闻、出版、文化、广播、电影、电视等有关单位,应当有针对性地面向社会进行禁毒宣传教育。

条文注释

新闻、出版、文化、广播、电影、电视等有关单位应当利用各自的特点和优势,有针对性地面向社会开展禁毒宣传教育。如新闻单位可以利用新闻报道,向公民宣传有关禁毒方面的最新形势和国际、国内打击毒品违法犯罪活动的新闻内容,使公民对禁毒的国际、国内形势有所了解;出版单位可以利用各种出版物,向公民宣传有关禁毒知识,使公民提高免遭毒品侵害的辨别能力。广播、电影、电视等单位可以通过编制、播放有关禁毒宣传教育的影片、电视剧等,向社会进行禁毒宣传教育。

第十五条 【公共场所禁毒宣传教育】飞机场、火车站、长途汽车站、码头以及旅店、娱乐场所等公共场所的经营者、管理者,负责本场所的禁毒宣传教育,落实禁毒防范措施,预防毒品违法犯罪行为在本场所内发生。

条文注释

本条规定了飞机场、火车站、长途汽车站、码头以及旅店和娱乐场所等公共场所的经营者、管理者的禁毒义务。其一是负责本场所的禁毒宣传教育，可以根据本场所的特点、条件，建立禁毒宣传教育的长效机制，通过发放禁毒宣传册和宣传单，张贴禁毒宣传画，设置禁毒警示标牌等形式，介绍预防毒品知识。其二是配合公安、文化、工商等部门落实禁毒防范措施，预防毒品违法犯罪行为在本场所内发生。包括制定相关的禁毒防范措施预案；建立巡查制度，发现场所内有违法犯罪活动的，立即向公安机关报告；加强内部管理，建立健全禁毒管理制度，增强从业人员自律意识；安装必要的监控设备，或采用科技手段加强禁毒防范措施。

关联法规

《旅馆业治安管理办法》第9、12条

《娱乐场所管理条例》第13、14、30、31条

第十六条　【单位内部禁毒宣传教育】国家机关、社会团体、企业事业单位以及其他组织，应当加强对本单位人员的禁毒宣传教育。

第十七条　【基层组织禁毒宣传教育】居民委员会、村民委员会应当协助人民政府以及公安机关等部门，加强禁毒宣传教育，落实禁毒防范措施。

第十八条　【监护人对未成年人的毒品危害教育】未成年人的父母或者其他监护人应当对未成年人进行毒品危害的教育，防止其吸食、注射毒品或者进行其他毒品违法犯罪活动。

条文注释

第18条规定中的“未成年人”，是指未满十八周岁的公民。“监护人”，是指法律规定的对未成年人的人身、财产及其他一切合法权益负有监督和保护责任的人。监护人一般是父母，父

母已经死亡或者没有监护能力的，由有监护能力的祖父母、外祖父母，兄、姐或其他亲朋担任，特殊情况下也可由有关组织担任。

家庭教育是预防未成年人毒品违法犯罪行为的第一道防线，未成年人的父母或其他监护人要告知未成年人毒品及其危害的知识，告诫他们要珍爱生命，拒绝毒品，增强其禁毒防毒意识。应当经常与未成年人沟通，加强与学校的联系，发现未成年人可能涉足毒品，及时采取措施。

关联法规

《中华人民共和国未成年人保护法》第16条

《中华人民共和国预防未成年人犯罪法》第3条

《中华人民共和国民法总则》第17、27条

第三章　毒品管制

第十九条　【麻醉药品药用原植物种植管制】国家对麻醉药品药用原植物种植实行管制。禁止非法种植罂粟、古柯植物、大麻植物以及国家规定管制的可以用于提炼加工毒品的其他原植物。禁止走私或者非法买卖、运输、携带、持有未经灭活的毒品原植物种子或者幼苗。

地方各级人民政府发现非法种植毒品原植物的，应当立即采取措施予以制止、铲除。村民委员会、居民委员会发现非法种植毒品原植物的，应当及时予以制止、铲除，并向当地公安机关报告。

条文注释

本条是关于对麻醉药品药用原植物种植实行管制的规定。所谓“麻醉药品药用原植物”，是指罂粟、古柯、大麻，以及国家规定管制的可以用于提炼加工毒品的其他原植物。“未经灭活的

毒品原植物种子或者幼苗”,是指没有经过烘烤、放射线照射等处理手段,还能继续繁殖、发芽的毒品原植物种子或者幼苗。

管制的内容包括:(1)只能依法按照计划种植。麻醉药品药用原植物种植只能由国务院药品监督管理部门和国务院农业主管部门共同确定企业种植,其他单位和个人不得种植。国家对麻醉药品药用原植物的种植、麻醉药品和精神药品的生产实行总量控制。(2)禁止非法种植。即禁止未经国家主管部门批准,私自种植毒品原植物,或者不按照批准的种植计划、限定数量进行种植。(3)禁止走私或者非法买卖、运输、携带、持有未经灭活的毒品原植物种子或者幼苗。

关联法规

《中华人民共和国刑法》第351、352条

《中华人民共和国治安管理处罚法》第71条

《麻醉药品和精神药品管理条例》第5条

《公安部、卫生部关于严禁非法种植罂粟的通知》

第二十条　【麻醉药品提取、储存场所的警戒】国家确定的麻醉药品药用原植物种植企业,必须按照国家有关规定种植麻醉药品药用原植物。

国家确定的麻醉药品药用原植物种植企业的提取加工场所,以及国家设立的麻醉药品储存仓库,列为国家重点警戒目标。

未经许可,擅自进入国家确定的麻醉药品药用原植物种植企业的提取加工场所或者国家设立的麻醉药品储存仓库等警戒区域的,由警戒人员责令其立即离开;拒不离开的,强行带离现场。

条文注释

麻醉药品药用原植物种植企业必须是由国务院药品监督管

理部门和国务院农业主管部门共同确定的种植企业。“按照国家有关规定种植”是指遵守国家对麻醉药品药用原植物的种植实行总量控制等规定。种植企业必须按照年度计划种植、定期向监管部门报告种植情况、及时将麻醉药品和精神药品生产、销售、库存情况上报等。

“提取加工场所”，是指对成熟的麻醉药品药用原植物采集、收成后，进行提炼、加工、制作成药品原料的专门场所。“储存仓库”是指用于储存麻醉药品、精神药品和药用原植物的专门场所。《麻醉药品和精神药品管理条例》规定，麻醉药品药用原植物种植企业、国家设立的麻醉药品储存单位，应当设置储存麻醉药品和第一类精神药品的专库，该专库应符合特定要求。第二类精神药品原料药以及制剂应当在药品库中设立独立的专库存放。

麻醉药品药用原植物种植企业的提取加工场所和麻醉药品储存仓库应列为国家重点警戒目标，采取严格的安全警卫措施，关键部位应当安装摄像装置，监控生产的主要活动并记录，仓库还应当安装自动报警系统，并与公安部门报警系统联网，严格限制人员出入警戒区域。

关联法规

《麻醉药品和精神药品管理条例》第7～9、46～49条

《麻醉药品和精神药品生产管理办法(试行)》第3～25条

第二十一条　【麻醉药品、精神药品、易制毒化学品管制】国家对麻醉药品和精神药品实行管制，对麻醉药品和精神药品的实验研究、生产、经营、使用、储存、运输实行许可和查验制度。

国家对易制毒化学品的生产、经营、购买、运输实行许可制度。

禁止非法生产、买卖、运输、储存、提供、持有、使用麻醉药品、精神药品和易制毒化学品。

条文注释

“许可制度”是指行政许可制度，即有权的行政机关根据公民、法人或者其他组织的申请，经依法审查，准予其从事特定活动的制度。

国家对麻醉药品和精神药品实行管制，对麻醉药品和精神药品的实验研究、生产、经营、使用、储存、运输应当具备相关法规规定的条件，并经相应药品监督管理部门批准。药品监督管理部门应当根据规定的职责权限，对麻醉药品和精神药品的实验研究、生产、经营、使用、储存、运输活动进行监督检查。省级以上人民政府药品监督管理部门建立监控信息网络，对定点生产企业、实验研究、经营单位的生产、使用数量以及流向实行实时监控，并与同级公安机关信息共享。

“易制毒化学品”，是指国家规定管制的可用于制造麻醉药品和精神药品的化学原料及配剂。易制毒化学品的生产、经营、购买、运输实行许可的制度。生产、经营易制毒化学品，应当具备相应条件并经相应监督管理部门审批；申请购买易制毒化学品，应提交相应的证明，并经药品监督管理部门审批；运输易制毒化学品的，由运出地的公安机关审批或备案，并发给运输许可证方可运输。

关联法规

《中华人民共和国药品管理法》第61条

《麻醉药品和精神药品管理条例》第10~55条

《麻醉药品和精神药品邮寄管理办法》

《麻醉药品和精神药品运输管理办法》

《易制毒化学品管理条例》第2、5、7~25条

《易制毒化学品购销和运输管理办法》

《非药品类易制毒化学品生产、经营许可办法》

第二十二条　【麻醉药品、精神药品、易制毒化学品进出口管理】国家对麻醉药品、精神药品和易制毒化学品的进口、出口实行许可制度。国务院有关部门应当按照规定的职责，对进口、出口麻醉药品、精神药品和易制毒化学品依法进行管理。禁止走私麻醉药品、精神药品和易制毒化学品。

条文注释

《中华人民共和国药品管理法》《易制毒化学品管理条例》与本条规定共同构成对麻醉药品、精神药品和易制毒化学品进口、出口实行许可制度的法律依据。进出口麻醉药品、精神药品、易制毒化学品的单位，应向药品监督管理部门提交相关申请材料。药品监督管理部门审查后，决定许可的，发放相应的进出口准许证，进出口单位持许可证向海关办理进出口手续。

“走私麻醉药品、精神药品和易制毒化学品”，是指违反国家法律、行政法规，逃避海关监管，非法运输、携带、邮寄麻醉药品、精神药品和易制毒化学品进出国(边)境的行为。走私麻醉药品、精神药品和易制毒化学品，依据治安管理处罚法或刑法追究责任。

关联法规

《中华人民共和国刑法》第350条

《中华人民共和国药品管理法》第66条

《联合国禁止非法贩运麻醉药品和精神药物公约》第12条

《易制毒化学品管理条例》第2、5、26～31条

《麻醉药品和精神药品品种目录》

第二十三条　【麻醉药品、精神药品、易制毒化学品流失的应急处置】发生麻醉药品、精神药品和易制毒化学品被盗、被抢、丢失或者其他流入非法渠道的情形，案发单位应当

立即采取必要的控制措施，并立即向公安机关报告，同时依照规定向有关主管部门报告。

公安机关接到报告后，或者有证据证明麻醉药品、精神药品和易制毒化学品可能流入非法渠道的，应当及时开展调查，并可以对相关单位采取必要的控制措施。药品监督管理部门、卫生行政部门以及其他有关部门应当配合公安机关开展工作。

条文注释

本条第一款是关于案发单位应急处理责任的规定。“案发单位”是指合法拥有麻醉药品、精神药品和易制毒化学品，发生麻醉药品、精神药品和易制毒化学品流入非法渠道事故的单位，包括麻醉药品、精神药品和易制毒化学品的生产、加工、经营、运输企业，使用麻醉药品、精神药品的科研单位、医疗机构等。案发单位的责任有：(1)立即采取必要的控制措施；(2)立即向公安机关报告；(3)依照规定向有关主管部门报告。“必要的控制措施”是指减少事故损失、控制事故危害的必要措施。“依照规定”是指依照《麻醉药品和精神药品管理条例》《易制毒化学品管理条例》等法律法规和卫生、商务等部门的规章的规定。“有关主管部门”是指除公安机关外，对麻醉药品、精神药品和易制毒化学品负有监督管理职责的部门，包括药品监督管理部门、卫生主管部门、应急管理部门、商务主管部门等。

本条第二款规定，公安机关负有查处麻醉药品、精神药品和易制毒化学品流入非法渠道事故的责任。药品监督管理部门、卫生行政部门等也负有在各自职责范围内监督管理的义务，他们配合公安机关开展工作的方式可以是向公安机关提供本部门监管中了解的信息，为公安机关开展调查提供便利条件等。

关联法规

《麻醉药品和精神药品管理条例》第64条

《易制毒化学品管理条例》第34条

第二十四条　【禁止非法传授麻醉药品、精神药品、易制毒化学品的制造方法】禁止非法传授麻醉药品、精神药品和易制毒化学品的制造方法。公安机关接到举报或者发现非法传授麻醉药品、精神药品和易制毒化学品制造方法的，应当及时依法查处。

条文注释

国家对麻醉药品、精神药品和易制毒化学品生产规定了严格的管制措施，对麻醉药品、精神药品的生产实行行政许可制度，企业必须具备法定的条件，经过药品监督管理部门审查批准，并依照药品管理法的规定取得药品批准文号，方可进行麻醉药品、精神药品的生产。国家对易制毒化学品的生产实行分类管理和许可制度。向不法分子非法传授麻醉药品、精神药品和易制毒化学品的制造方法，实际上是为毒品违法犯罪活动提供帮助，其性质是在传授犯罪方法。公安机关接到人民群众举报或者主动发现存在此类行为的，应当及时依法查处，视情节予以行政处罚或依法追究刑事责任。

关联法规

《中华人民共和国刑法》第295条

第二十五条　【授权国务院制定管理办法】麻醉药品、精神药品和易制毒化学品管理的具体办法，由国务院规定。

条文注释

国务院在本法制定前，已经制定了《麻醉药品和精神药品管理条例》和《易制毒化学品管理条例》等麻醉药品、精神药品和易制毒化学品管理方面的行政法规。这些法规与本法的规定是一致的,在本法施行后继续有效。本法施行后,国务院还可以根据本法和实际情况完善现有规定或者制定新的规定。

第二十六条 【有关场所的毒品检查】公安机关根据查缉毒品的需要,可以在边境地区、交通要道、口岸以及飞机场、火车站、长途汽车站、码头对来往人员、物品、货物以及交通工具进行毒品和易制毒化学品检查,民航、铁路、交通部门应当予以配合。

海关应当依法加强对进出口岸的人员、物品、货物和运输工具的检查,防止走私毒品和易制毒化学品。

邮政企业应当依法加强对邮件的检查,防止邮寄毒品和非法邮寄易制毒化学品。

条文注释

机场、车站、码头、边境地区、口岸等是走私、非法运输毒品和易制毒化学品的重要通道。公安机关可以在这些特定的地区进行毒品和易制毒化学品检查。铁路、民航交通等部门应当予以配合。检查可以与为保证公共交通工具安全而进行的安全检查一起进行,也可以分开进行。

海关对发现和查处跨越我国国境的毒品和易制毒化学品走私活动负有重要的职责。海关有权检查进出境运输工具,查验进出境货物、物品,查阅进出境人员的证件,有权扣押违禁物品。

邮政企业也负有防止易制毒化学品通过邮寄运输的责任。邮政企业应当把防止邮寄毒品和易制毒化学品作为邮件检查的重要内容。

关联法规

《中华人民共和国海关法》第 6 条

《中华人民共和国邮政法》第 25、26 条

《中华人民共和国邮政法实施细则》第33~35条

第二十七条 【娱乐场所巡查和报告毒品违法犯罪】娱乐场所应当建立巡查制度，发现娱乐场所内有毒品违法犯罪活动的，应当立即向公安机关报告。

条文注释

“巡查制度”是娱乐场所建立的，由专人负责，定时定期对本场所内情况进行巡回检查和监督的制度。娱乐场所的经营者应根据本场所的实际情况，建立人员相对固定的巡查小组，落实巡查的方式和具体任务。巡查人员应当熟悉本场所的情况，具有一定的法律知识。巡查人员在巡查中发现违法犯罪活动或者可疑人员、行为的，应当立即报告娱乐场所的负责人或者直接报告公安机关。

关联法规

《娱乐场所管理条例》第31条

第二十八条 【查获毒品和涉毒财物的收缴与处理】对依法查获的毒品，吸食、注射毒品的用具，毒品违法犯罪的非法所得及其收益，以及直接用于实施毒品违法犯罪行为的本人所有的工具、设备、资金，应当收缴，依照规定处理。

条文注释

涉及被依法查获的物品包括四类：一是毒品；二是吸食、注射毒品的用具；三是毒品违法犯罪的非法所得及其收益；四是直接用于实施毒品违法犯罪行为的本人所有的工具、设备、资金。

“毒品违法犯罪的非法所得”，是指违法犯罪分子实施毒品违法犯罪行为而非法获得的财物，如贩卖毒品所得的资金，运输毒品所得的报酬等。“收益”是指利用毒品违法犯罪的非法所得所产生的孳息或者进行经营活动所产生的经济利益，如将毒资存入银行所获利息,购买股票所获红利,开办公司所获盈利等。"直接用于实施毒品违法犯罪行为的本人所有的工具、设备、资金"有两个限制条件:一是"直接用于实施毒品违法犯罪行为",即对于实施毒品违法犯罪行为起到必不可少的作用并直接导致危害后果发生;二是"本人所有"而非他人所有。

"处理"是指根据不同情况进行处理。如收缴的毒品,吸食、注射毒品的用具应当一律予以销毁。毒品犯罪的非法所得及其收益,应当由公安机关依法扣押、冻结并妥善保管,需要作为证据使用的随案移送,待法院判决生效后,一律没收,上缴国库。不构成犯罪的涉毒违法行为的非法所得及其收益,应上缴国库。直接用于实施毒品违法、犯罪行为的本人所有的工具、设备、资金,应当予以没收、收缴。

关联法规

《中华人民共和国刑法》第 64 条

《中华人民共和国刑事诉讼法》第 245 条

《中华人民共和国治安管理处罚法》第 11 条

《公安机关办理行政案件程序规定》第 196 条

第二十九条 【可疑毒品犯罪资金监测】反洗钱行政主管部门应当依法加强对可疑毒品犯罪资金的监测。反洗钱行政主管部门和其他依法负有反洗钱监督管理职责的部门、机构发现涉嫌毒品犯罪的资金流动情况,应当及时向侦查机关报告,并配合侦查机关做好侦查、调查工作。

条文注释

《联合国禁止非法贩运麻醉药品和精神药物公约》及我国刑法都将毒品犯罪规定为洗钱犯罪的上游犯罪。

"反洗钱行政主管部门"是指中国人民银行。"其他依法负有反洗钱监督管理职责的部门、机构"狭义上是指金融监督管理机构,包括证监会和银保监会。广义上还包括金融机构,如政策性银行、商业银行、信用合作社、邮政储汇机构、信托投资公司、证券公司、期货经纪公司、保险公司以及国务院反洗钱行政主管部门确定并公布的其他机构。

可疑毒品犯罪资金,不仅包括毒品犯罪非法所得、由非法所得获得的收益等,也应当包括可能用于毒品犯罪的资金。

金融机构应当按照规定执行大额交易和可疑交易报告制度。金融机构办理的单笔交易或者在规定期限内累计交易超过规定金额或者发现可疑交易的,应当及时向反洗钱信息中心报告。反洗钱行政主管部门和其他负有反洗钱管理职责的部门,要及时向侦查机关报告。

关联法规

《联合国禁止非法贩运麻醉药品和精神药物公约》

《中华人民共和国刑法》第 191 条

《中华人民共和国反洗钱法》第 8、13、23、24 条

第三十条 【毒品监测和禁毒信息系统】国家建立健全毒品监测和禁毒信息系统,开展毒品监测和禁毒信息的收集、分析、使用、交流工作。

第四章 戒毒措施

第三十一条 【对吸毒成瘾人员采取治疗、教育、挽救措施】国家采取各种措施帮助吸毒人员戒除毒瘾,教育和挽救吸毒人员。

吸毒成瘾人员应当进行戒毒治疗。

吸毒成瘾的认定办法,由国务院卫生行政部门、药品监督管理部门、公安部门规定。

条文注释

帮助吸毒人员戒除毒瘾，教育和挽救吸毒人员，是我国戒毒工作的基本方针。

所谓"帮助吸毒人员戒除毒瘾"，是指国家鼓励其自愿戒毒，也可以对其进行强制隔离戒毒，国家应当提供戒毒的资金、场所和人员，并采取科学的戒毒方法，以帮助吸毒成瘾者彻底戒毒。无论采取何种方式戒毒，戒毒治疗中始终要将吸毒人员视为病人予以帮助。

所谓教育和挽救，就是使吸毒人员建立正确的人生观，恢复自尊自信以及正常的生产、生活能力，回归正常社会生活。为此要对其进行适当的身体和心理康复训练，同时让其感受到亲情、社会的温暖，激发其对家庭、社会的责任感，帮助其提高劳动技能。

"吸毒成瘾人员应当进行戒毒治疗"有两方面含义：一是国家应当对吸毒成瘾人员进行戒毒治疗，提供医疗条件；二是吸毒人员应当戒毒，国家鼓励吸毒人员主动治疗，对于符合条件的也可强制戒毒。

关联法规

《吸毒成瘾认定办法》第7、8条

第三十二条 【对吸毒人员的检测和登记】公安机关可以对涉嫌吸毒的人员进行必要的检测，被检测人员应当予以配合；对拒绝接受检测的，经县级以上人民政府公安机关或者其派出机构负责人批准，可以强制检测。

公安机关应当对吸毒人员进行登记。

条文注释

本条是关于强制检测和吸毒人员登记制度的规定。对涉嫌吸毒人员进行检测，既可以防止执法人员判断失误或滥用职权，也有利于保护公民权利。吸毒检测应当遵守的条件和程序是：(1)应当有一定的证据或者迹象表明被检测人已涉嫌吸食、注射毒品；(2)检测是确定是否吸毒所必需；(3)检测应当由具有相应资格的专门人员进行。

强制检测除需具备上述三个条件外还应具备两个条件：一是只能针对拒绝接受检测的人；二是必须经县级以上人民政府公安机关或者其派出机构负责人批准。

公安机关对吸毒人员的登记和统计，有利于分析、预测本地区的毒品消费和毒品违法情况，长期追踪吸毒人员的戒毒情况，为传染病防治提供依据。

第三十三条　【社区戒毒】对吸毒成瘾人员，公安机关可以责令其接受社区戒毒，同时通知吸毒人员户籍所在地或者现居住地的城市街道办事处、乡镇人民政府。社区戒毒的期限为三年。

戒毒人员应当在户籍所在地接受社区戒毒；在户籍所在地以外的现居住地有固定住所的，可以在现居住地接受社区戒毒。

条文注释

本法在规定强制性戒毒措施之外，规定了社区戒毒，并将试点工作中主要针对强制性戒毒后的社区戒毒，发展为一种实行强制隔离戒毒前就可以进行的戒毒措施。

社区戒毒的条件：一是只能针对吸毒成瘾的人员，未达到成瘾程度的可给予治安管理处罚，不进行戒毒治疗；二是由公安机关决定，其他机关和个人无权决定。

社区戒毒的期限为三年。三年的社区戒毒期限符合戒毒的医学规律，也可以强化社会对戒毒的管理和救助。

社区戒毒的执行地，应当本着既有利于管理，又不妨碍戒毒人员正常生活的原则进行。公民在户籍所在地可以享受到入学、就业、医疗、民政、劳动和社会保障等各方面的政策,当地基层政府对吸毒人员较为熟悉,便于管理,因此社区戒毒在户籍所在地执行。但考虑到戒毒人员的流动需要,为了不影响其正常生活、工作,本法同时规定可在现居住地执行,戒毒人员在现居住地应有固定的住所。

关联法规

《戒毒条例》第13～14条

第三十四条 【负责社区戒毒的机构】城市街道办事处、乡镇人民政府负责社区戒毒工作。城市街道办事处、乡镇人民政府可以指定有关基层组织,根据戒毒人员本人和家庭情况,与戒毒人员签订社区戒毒协议,落实有针对性的社区戒毒措施。公安机关和司法行政、卫生行政、民政等部门应当对社区戒毒工作提供指导和协助。

城市街道办事处、乡镇人民政府,以及县级人民政府劳动行政部门对无职业且缺乏就业能力的戒毒人员,应当提供必要的职业技能培训、就业指导和就业援助。

条文注释

社区戒毒的执行主体是城市街道办事处和乡镇人民政府。具体执行中,城市街道办事处、乡镇人民政府可以指定有关基层组织落实具体的社区戒毒措施。社区戒毒协议是执行机关指定基层组织与戒毒人员签订的协议,用以确定社区戒毒具体措施和社区戒毒人员的义务,比如定期检测、服药、汇报戒毒情况、进行戒毒知识学习,参加生理、心理康复训练项目等。

基层政府和县级以上劳动行政部门有义务对戒毒人员提供援助,援助的对象是无职业且缺乏就业能力的戒毒人员,援助的内容是提供必要的职业技能培训、就业指导和就业援助。

关联法规

《戒毒条例》第15～18条

第三十五条　【社区戒毒人员的义务】接受社区戒毒的戒毒人员应当遵守法律、法规，自觉履行社区戒毒协议，并根据公安机关的要求，定期接受检测。

对违反社区戒毒协议的戒毒人员，参与社区戒毒的工作人员应当进行批评、教育；对严重违反社区戒毒协议或者在社区戒毒期间又吸食、注射毒品的，应当及时向公安机关报告。

条文注释

本条第一款是关于社区戒毒人员应当遵守的义务的规定。社区戒毒人员应当遵守的义务有三项：一是遵守法律、法规；二是自觉履行社区戒毒协议；三是根据公安机关的要求，定期接受检测。“遵守法律、法规”主要是指戒毒人员应当遵守有关禁毒、戒毒的相关规定，如不得违反刑法、治安管理处罚法的规定从事毒品违法犯罪行为，不得违反有关麻醉药品、精神药品管制的规定，不得违反禁毒法有关禁毒的管制措施，不得再吸食、注射毒品等，也包括遵守其他法律法规。

本条第二款是关于社区戒毒人员违反社区戒毒协议如何处理的规定。对于一般违反社区戒毒协议的，应当进行批评、教育。对于严重违反社区戒毒协议或在社区戒毒期间又吸食、注射毒品的人员，应当及时向公安机关报告。根据本法第38条的规定，公安机关应当作出强制隔离戒毒的决定，送交强制隔离戒毒机构。在执行中对什么是“严重违反社区戒毒协议”应当严格把握，不宜把一般的违反协议的行为作为进行强制隔离戒毒的理由。

关联法规

《戒毒条例》第19～21条

第三十六条 【戒毒医疗机构】吸毒人员可以自行到具有戒毒治疗资质的医疗机构接受戒毒治疗。

设置戒毒医疗机构或者医疗机构从事戒毒治疗业务的，应当符合国务院卫生行政部门规定的条件，报所在地的省、自治区、直辖市人民政府卫生行政部门批准，并报同级公安机关备案。戒毒治疗应当遵守国务院卫生行政部门制定的戒毒治疗规范，接受卫生行政部门的监督检查。

戒毒治疗不得以营利为目的。戒毒治疗的药品、医疗器械和治疗方法不得做广告。戒毒治疗收取费用的，应当按照省、自治区、直辖市人民政府价格主管部门会同卫生行政部门制定的收费标准执行。

条文注释

自愿戒毒人员包括未被公安机关发现的吸毒人员，出于保护个人隐私而异地戒毒治疗的吸毒人员，以及在社区戒毒的吸毒人员。接受自愿戒毒治疗期间，有关部门不得以吸毒成瘾为由对其实行强制隔离戒毒。

设置戒毒医疗机构或者医疗机构从事戒毒治疗业务的应当具备三个条件：一是应当符合国务院卫生行政部门规定的条件，包括技术条件和硬件设施条件等；二是报所在地省级人民政府卫生行政部门批准；三是报省级公安机关备案。

戒毒治疗不得以营利为目的。戒毒治疗的收益应当用于发展戒毒治疗事业本身，不得用于分红。戒毒治疗不得以营利为目的并非戒毒治疗不能收费。戒毒医疗机构、从事戒毒治疗业务的医疗机构可以根据情况实行免费戒毒治疗，也可以按照“收费标准”收取一定费用。本法授权“收费标准”由省级政府价格主管部门会同卫生行政部门制定。

关联法规

《中华人民共和国广告法》第15条

《戒毒条例》第9条

第三十七条 【戒毒医疗机构有关职责】医疗机构根据戒毒治疗的需要,可以对接受戒毒治疗的戒毒人员进行身体和所携带物品的检查;对在治疗期间有人身危险的,可以采取必要的临时保护性约束措施。

发现接受戒毒治疗的戒毒人员在治疗期间吸食、注射毒品的,医疗机构应当及时向公安机关报告。

条文注释

"临时保护性约束措施"是指在治疗期间,对接受戒毒治疗有人身危险的戒毒人员,医疗机构采取的以保护人身安全为目的的临时性约束措施。临时保护性约束措施不是对戒毒人员的一种处罚,也不是通常所说的强制措施,而是一种临时性保护方式,目的是保护戒毒人员和其他人员的安全。执行时一要严格掌握适用的对象,只能对有人身危险的戒毒人员使用,不得随意使用。二要从保护的目的出发,必须遵循有利原则、无伤原则和适当限度原则。禁止使用粗暴、野蛮,甚至伤害戒毒人员身体的手段。

戒毒人员自愿接受戒毒治疗,就有义务配合治疗,包括配合检查,接受必要的临时保护性约束措施等。

发现接受戒毒治疗的戒毒人员在治疗期间吸食、注射毒品的,戒毒医疗机构应及时向公安机关报告,公安机关区别情况处理,对情节轻的可批评教育,情节严重的可强制隔离戒毒。

第三十八条　【强制隔离戒毒适用条件】吸毒成瘾人员有下列情形之一的,由县级以上人民政府公安机关作出强制隔离戒毒的决定:

(一)拒绝接受社区戒毒的;

(二)在社区戒毒期间吸食、注射毒品的;

(三)严重违反社区戒毒协议的;

(四)经社区戒毒、强制隔离戒毒后再次吸食、注射毒品的。

对于吸毒成瘾严重,通过社区戒毒难以戒除毒瘾的人员,公安机关可以直接作出强制隔离戒毒的决定。

吸毒成瘾人员自愿接受强制隔离戒毒的,经公安机关同意,可以进入强制隔离戒毒场所戒毒。

条文注释

本条是关于强制隔离戒毒适用条件的规定,共分三款。我国原来的戒毒体制包括强制戒毒和劳动教养戒毒两种措施。强制戒毒由公安机关决定,强制戒毒机构由公安部门主管,对象主要是第一次吸毒成瘾者;劳动教养戒毒由劳动教养委员会决定,戒毒场所由司法行政部门主管,对象是强制戒除后又吸食、注射毒品者。本条将原来两种戒毒措施统一改为强制隔离戒毒。

本条第一款规定了强制隔离戒毒的适用条件:(1)对象是吸毒成瘾人员,不包括初次吸毒或吸毒但未成瘾者;(2)符合拒绝接受社区戒毒或经社区戒毒达不到应有效果的四项法定情形之一;(3)由县级以上人民政府公安机关作出决定。

一般情况下,社区戒毒是强制隔离戒毒的前提,但也存在需直接决定强制隔离戒毒的特殊情况,本条第二款规定了直接适用强制隔离戒毒的条件是:(1)吸毒成瘾严重;(2)通过社区戒毒难以戒除毒瘾。

本条第三款规定，吸毒成瘾人员可自愿接受强制隔离戒毒，经公安机关同意，可以直接进入强制隔离戒毒场所戒毒。一旦其自愿强制隔离戒毒，就应依法适用强制隔离戒毒的规定。

关联法规

《戒毒条例》第25条

第三十九条　【不适用强制隔离戒毒的情形】怀孕或者正在哺乳自己不满一周岁婴儿的妇女吸毒成瘾的，不适用强制隔离戒毒。不满十六周岁的未成年人吸毒成瘾的，可以不适用强制隔离戒毒。

对依照前款规定不适用强制隔离戒毒的吸毒成瘾人员，依照本法规定进行社区戒毒，由负责社区戒毒工作的城市街道办事处、乡镇人民政府加强帮助、教育和监督，督促落实社区戒毒措施。

条文注释

本条是关于对特定对象不适用强制隔离戒毒的规定。对特定对象不适用强制隔离戒毒的规定包括两种情况：一是对怀孕或者正在哺乳自己不满一周岁婴儿的妇女吸毒成瘾的，无论毒瘾有多严重，一律不适用强制隔离戒毒；二是对不满十六周岁的未成年人吸毒成瘾的，可以不适用强制隔离戒毒。“可以不适用”是指一般不应适用强制隔离戒毒，但也不能一概而论。对那些因父母和其他监护人确实无力帮助其戒毒，采取社区戒毒措施又无效的不满十六周岁的未成年人，可以对其进行强制隔离戒毒。

对依照本条第一款规定不适用强制隔离戒毒的吸毒成瘾人员，不是放任不管，而是应当将其作为社区戒毒的重点对象，由负责社区戒毒工作的城市街道办事处、乡镇人民政府加强帮助、教育和监督，督促落实社区戒毒措施。

关联法规

《戒毒条例》第26条

《公安部关于未满十六周岁人员强制隔离戒毒问题的批复》

第四十条　【强制隔离戒毒的决定程序和救济措施】公安机关对吸毒成瘾人员决定予以强制隔离戒毒的,应当制作强制隔离戒毒决定书,在执行强制隔离戒毒前送达被决定人,并在送达后二十四小时以内通知被决定人的家属、所在单位和户籍所在地公安派出所;被决定人不讲真实姓名、住址,身份不明的,公安机关应当自查清其身份后通知。

被决定人对公安机关作出的强制隔离戒毒决定不服的,可以依法申请行政复议或者提起行政诉讼。

条文注释

本条第一款是关于公安机关作出强制隔离戒毒决定的程序,包括强制隔离戒毒决定书制作、送达、通知。强制隔离戒毒决定书是公安机关作出强制隔离戒毒决定的法定形式,强制隔离戒毒决定必须以书面形式作出,不得采取口头方式。公安机关应当在执行强制隔离戒毒前,将强制隔离戒毒决定书送达被决定人,否则不能对其执行强制隔离戒毒。公安机关应当在强制隔离戒毒决定书送达后24小时以内将决定书内容通知被决定人的家属、所在单位和户籍所在地公安派出所。“自查清其身份后通知”有两层含义:一是因被决定人不讲真实姓名、住址,身份不明,公安机关未能在24小时内通知家属的不为违规;二是查清其身份后应立即通知。

本条第二款是关于被决定人对强制隔离戒毒决定不服的两个救济途径:一是依法申请行政复议;二是直接向人民法院提起行政诉讼。申请行政复议不是提起行政诉讼的前置程序。“依法”,是指依照行政复议法、行政诉讼法的规定。

第四十一条　【强制隔离戒毒场所】对被决定予以强制隔离戒毒的人员，由作出决定的公安机关送强制隔离戒毒场所执行。

强制隔离戒毒场所的设置、管理体制和经费保障，由国务院规定。

第四十二条　【戒毒人员入所查检】戒毒人员进入强制隔离戒毒场所戒毒时，应当接受对其身体和所携带物品的检查。

条文注释

第42条规定有两层含义：一是强制隔离戒毒场所有权对进入强制隔离戒毒场所戒毒的人员进行身体和所携带物品的检查。强制隔离戒毒场所对入所戒毒人员进行身体检查，主要是为了确认戒毒人员的某些身体特征、生理状态以及毒品依赖程度等，以便采取有针对性的治疗等措施。对入所戒毒人员"所携带物品"进行检查，主要是为了防止入所戒毒人员携带违禁品特别是毒品进入强制隔离戒毒场所。二是戒毒人员在进入强制隔离戒毒场所戒毒时，有义务接受对其身体和所携带物品的检查。"戒毒人员"是指由公安机关决定强制隔离戒毒的人员，以及经公安机关同意，自愿进入强制隔离戒毒场所戒毒的人员。

关联法规

《戒毒条例》第28条

第四十三条　【强制隔离戒毒场所的职能】强制隔离戒毒场所应当根据戒毒人员吸食、注射毒品的种类及成瘾程度等，对戒毒人员进行有针对性的生理、心理治疗和身体康复训练。

根据戒毒的需要，强制隔离戒毒场所可以组织戒毒人员参加必要的生产劳动，对戒毒人员进行职业技能培训。组织戒毒人员参加生产劳动的，应当支付劳动报酬。

条文注释

“针对性”是指对不同的麻醉药品和精神药品，针对吸毒者不同的上瘾程度实施不同的治疗方法和使用不同的药物。“生理治疗”，主要是指强制隔离戒毒场所对急性脱毒阶段的戒毒人员因戒毒产生的戒断症状进行有针对性的治疗，减轻和消除其戒断症状，并预防由于戒毒可能产生的其他生理健康问题。“心理治疗”主要是帮助吸毒成瘾人员纠正错误认识，树立自信心、责任心和意志力，强化其戒毒动机，减少不良习惯、不良心理反应，使其能够依靠自身力量戒除毒瘾。身体康复训练包括体育训练、生活技能训练等，为日后融入社会打下基础。生理、心理治疗和身体康复训练要针对戒毒人员的实际情况灵活运用，以提高戒毒的效果。

强制隔离戒毒场所组织戒毒人员参加生产劳动的，应当支付劳动报酬。组织戒毒人员参加生产劳动，应在戒毒人员生理脱毒后，身体无其他严重疾病的情况下逐渐进行。

关联法规

《戒毒条例》第29条

第四十四条　【强制隔离戒毒场所的管理】强制隔离戒毒场所应当根据戒毒人员的性别、年龄、患病等情况，对戒毒人员实行分别管理。

强制隔离戒毒场所对有严重残疾或者疾病的戒毒人员，应当给予必要的看护和治疗；对患有传染病的戒毒人员，应当依法采取必要的隔离、治疗措施；对可能发生自伤、自残等情形的戒毒人员，可以采取相应的保护性约束措施。

强制隔离戒毒场所管理人员不得体罚、虐待或者侮辱戒毒人员。

条文注释

“分别管理”，主要是指根据戒毒人员的性别、年龄、患病等情况，让其在不同的场所或者区域生活、劳动、接受治疗，根据其特点实施不同的管理措施等。根据“年龄”分别管理，主要是指对未成年人和成年人实行分别管理。“保护性约束措施”，只能针对可能发生自伤、自残等情形的戒毒人员，适用目的是保护戒毒人员的人身安全和健康，不是一种处罚。“管理人员”，是指在强制隔离戒毒场所中行使管理职责的工作人员。体罚、虐待、侮辱，主要是指对戒毒人员强迫从事过度劳动、殴打、捆绑、冻饿、罚站、罚跪、嘲笑、辱骂、滥施械具等行为。管理人员违反本款规定的行为，应负法律责任。

关联法规

《中华人民共和国残疾人保障法》第2条

《戒毒条例》第30、31、45条

《最高人民检察院关于强制隔离戒毒所工作人员能否成为虐待被监管人罪主体问题的批复》

第四十五条　【强制隔离戒毒场所配备执业医师】强制隔离戒毒场所应当根据戒毒治疗的需要配备执业医师。强制隔离戒毒场所的执业医师具有麻醉药品和精神药品处方权的，可以按照有关技术规范对戒毒人员使用麻醉药品、精神药品。

卫生行政部门应当加强对强制隔离戒毒场所执业医师的业务指导和监督管理。

条文注释

所谓“执业医师”，是指依照执业医师法的规定，依法取得执业医师资格或者执业助理医师资格，经注册在医疗、预防、保健机构中执业的专业医务人员。强制隔离戒毒场所对戒毒人员使用麻醉药品和精神药品，必须由具有麻醉药品和精神药品处方权的执业医师进行。医疗机构应当按照国务院卫生主管部门的规定，对本单位执业医师进行有关麻醉药品和精神药品使用知识的培训、考核，经考核合格的，授予麻醉药品和第一类精神药品处方资格。执业医师取得麻醉药品和第一类精神药品的处方资格后，方可在本医疗机构开具麻醉药品和第一类精神药品处方，但不得为自己开具该种处方。执业医师在对戒毒人员使用麻醉药品、精神药品时，必须严格按照有关技术规范进行。

关联法规

《麻醉药品和精神药品管理条例》第38条

第四十六条　【探访、探视和物品检查】戒毒人员的亲属和所在单位或者就读学校的工作人员，可以按照有关规定探访戒毒人员。戒毒人员经强制隔离戒毒场所批准，可以外出探视配偶、直系亲属。

强制隔离戒毒场所管理人员应当对强制隔离戒毒场所以外的人员交给戒毒人员的物品和邮件进行检查，防止夹带毒品。在检查邮件时，应当依法保护戒毒人员的通信自由和通信秘密。

条文注释

本法针对吸毒成瘾者规定的社区戒毒和强制隔离戒毒措施不是处罚，在性质上属于教育和医疗措施，因此对强制隔离戒毒人员有关探访、探视方面的权利作出规定，这也有利于使吸毒人员感受到来自家庭和社会的关心，增强其戒毒的决心和毅力。

戒毒人员的"亲属"，既包括戒毒人员的夫、妻、父、母、子、女、同胞兄弟姐妹等近亲属，也包括戒毒人员的其他亲属。戒毒人员经强制隔离戒毒场所批准，可以外出探亲，外出探亲的对象只能是配偶、直系亲属，其探亲要经强制隔离戒毒场所批准，强制隔离戒毒场所应当根据申请理由、戒毒人员接受强制隔离戒毒的时间及行为表现等，作出是否批准的决定。

第四十七条 【强制隔离戒毒期限】强制隔离戒毒的期限为二年。

执行强制隔离戒毒一年后，经诊断评估，对于戒毒情况良好的戒毒人员，强制隔离戒毒场所可以提出提前解除强制隔离戒毒的意见，报强制隔离戒毒的决定机关批准。

强制隔离戒毒期满前，经诊断评估，对于需要延长戒毒期限的戒毒人员，由强制隔离戒毒场所提出延长戒毒期限的意见，报强制隔离戒毒的决定机关批准。强制隔离戒毒的期限最长可以延长一年。

条文注释

本条是关于强制隔离戒毒期限的规定。强制隔离戒毒的一般期限为二年。提前解除强制隔离戒毒的条件是：(1)在执行强制隔离戒毒一年后，若未满一年，不得提前解除。(2)经过诊断评估，认为戒毒人员戒毒情况良好。“诊断评估”要综合评估，包括戒毒人员本人的状况、吸毒和戒毒的动机、人格状况、家庭环境条件、戒毒人员吸毒和戒毒的经历、在接受强制隔离戒毒期间的表现等。诊断评估由强制隔离戒毒场所组织进行。(3)由强制隔离戒毒场所对诊断评估审查后，提出提前解除强制隔离戒毒的意见。(4)需报对该戒毒人员决定强制隔离戒毒的县级以上人民政府公安机关批准。

延长戒毒期限的规定与上述类似，强制隔离戒毒的期限最长可以延长一年，延长多少，可以根据戒毒人员的具体情况决定。

关联法规

《戒毒条例》第27、33条

《司法部关于切实加强监狱、强制戒毒所违禁物品管理的若干规定》

第四十八条　【社区康复】对于被解除强制隔离戒毒的人员，强制隔离戒毒的决定机关可以责令其接受不超过三年的社区康复。

社区康复参照本法关于社区戒毒的规定实施。

条文注释

戒毒人员回到社区后，及时获得必要的帮助，戒毒成功的可能性就能大大提高。本条规定的社区康复的本质是对被解除强制隔离戒毒的人员的帮助。

社区康复的最长期限为三年，公安机关在责令戒毒人员接受社区康复时，可以根据戒毒人员在强制隔离戒毒期间的表现、巩固戒毒成果的需要等具体情况，确定其接受社会康复的期限。对于被解除强制隔离戒毒的人员，如果是根据本法第49条的规定自愿在戒毒康复场所生活、劳动的，不再适用社区康复。

社区康复参照本法关于社区戒毒的规定实施。社区戒毒措施与社区康复措施在适用对象和适用时间上不同。社区戒毒适用于初次吸毒，成瘾不太严重的吸毒人员；而社区康复则适用于被解除强制隔离戒毒的人员。

关联法规

《戒毒条例》第37～40条

第四十九条　【戒毒康复场所】县级以上地方各级人民政府根据戒毒工作的需要，可以开办戒毒康复场所；对社会力量依法开办的公益性戒毒康复场所应当给予扶持，提供必要的便利和帮助。

戒毒人员可以自愿在戒毒康复场所生活、劳动。戒毒康复场所组织戒毒人员参加生产劳动的,应当参照国家劳动用工制度的规定支付劳动报酬。

条文注释

戒毒康复场所可以由县级以上地方各级人民政府根据戒毒工作的需要开办,也可以由社会力量开办。对于社会力量依法开办公益性戒毒康复场所的,县级以上地方各级人民政府应当给予扶持,提供必要的便利和帮助,包括在开办手续、场地选择和经营过程中提供便利等。对被解除强制隔离戒毒的戒毒人员自愿到戒毒康复场所生活、劳动的,强制隔离戒毒的决定机关不需要再责令其接受社区康复。

戒毒人员自愿在戒毒康复场所参加生产劳动的应支付劳动报酬。戒毒人员在戒毒康复场所参加生产劳动,其与戒毒康复场所之间的劳动关系主要是合同性质的,戒毒康复场所应当根据其劳动的数量和质量,参照国家劳动用工制度的规定支付劳动报酬。

关联法规

《戒毒条例》第 41 ~42 条

第五十条 【被限制人身自由人员的戒毒治疗】公安机关、司法行政部门对被依法拘留、逮捕、收监执行刑罚以及被依法采取强制性教育措施的吸毒人员,应当给予必要的戒毒治疗。

第五十一条 【药物维持治疗】省、自治区、直辖市人民政府卫生行政部门会同公安机关、药品监督管理部门依照国家有关规定,根据巩固戒毒成果的需要和本行政区域艾滋病流行情况,可以组织开展戒毒药物维持治疗工作。

条文注释

第51条是关于开展戒毒药物维持治疗工作的规定。"戒毒药物维持治疗",是对吸毒成瘾者选用适当的药物,以替代、递减的方法,减缓吸毒者戒断症状的痛苦,减轻吸毒者对毒品的依赖的一种治疗方法。目前,主要是指美沙酮维持治疗。美沙酮是一种合成的麻醉性镇痛药,成瘾性较吗啡小,用美沙酮维持治疗,实际上是一种两害相权取其轻的做法。美沙酮具有对戒断症状控制显著,脱毒治疗成功率高,能够减少因注射毒品感染艾滋病的概率,是控制海洛因成瘾者毒品滥用和艾滋病传播的有效干预措施之一。

"国家有关规定",主要是指本法和《艾滋病防治条例》等法律、法规等。根据本行政区域艾滋病流行情况的需要,主要是指本地区艾滋病流行的原因、范围和严重程度。

关联法规

《艾滋病防治条例》第22、27条

第五十二条　【戒毒人员不受歧视】戒毒人员在入学、就业、享受社会保障等方面不受歧视。有关部门、组织和人员应当在入学、就业、享受社会保障等方面对戒毒人员给予必要的指导和帮助。

条文注释

吸毒人员既是违法者同时又是疾病患者,还是毒品的受害者。戒毒人员回归社会需要社会的帮助,对戒毒人员不应歧视,具体体现在入学、就业、享受社会保障等方面。在入学方面,戒毒人员如果是适龄未成年人,则应不受歧视地享有义务教育法所规定的受教育的权利。在接受高等教育或者其他教育方面,也享有平等的入学权利。在就业方面,应不受歧视地享有就业促进法所规定平等就业和自主择业的权利。在社会保障方面,戒毒人员依法平等享有养老、医疗、失业等社会保障的权利。

“有关部门、组织和人员”包括地方各级人民政府特别是乡镇人民政府、城市街道办事处、教育部门、劳动行政部门以及有关社会组织、基层组织等及相关人员。

关联法规

《中华人民共和国就业促进法》第3条

《戒毒条例》第7条

第五章　禁毒国际合作

第五十三条　【禁毒国际合作的原则】中华人民共和国根据缔结或者参加的国际条约或者按照对等原则，开展禁毒国际合作。

条文注释

毒品是人类的公敌，打击毒品违法犯罪需要国际合作。中国政府积极参与国际禁毒合作，1985年我国加入联合国《1961年麻醉品单一公约》和《1971年精神药物公约》，1989年加入《联合国禁止非法贩运麻醉药品和精神药物公约》。

我国进行禁毒国际合作的依据有两个：一是根据缔结或者参加的国际条约，包括双边或者多边的国际条约、国际公约，如前述我国参加的三个公约；二是与和我国没有缔结条约也没有共同参加国际公约的国家进行禁毒合作时，按照对等原则开展合作。

第五十四条　【国家禁毒委员会的国际合作职责】国家禁毒委员会根据国务院授权，负责组织开展禁毒国际合作，履行国际禁毒公约义务。

第五十五条　【毒品犯罪的司法协助】涉及追究毒品犯罪的司法协助，由司法机关依照有关法律的规定办理。

条文注释

第55条规定中的“毒品犯罪”，主要是指刑法分则第六章第七节所规定的有关毒品的犯罪。“司法协助”，主要是指国家间的刑事司法协助，包括代为送达司法文书、传讯证人、调查取证、引渡、刑事判决和没收令的执行、被判刑人移管、诉讼转移等。“有关法律的规定”是指刑事诉讼法、引渡法等有关法律的规定。

关联法规

《中华人民共和国刑法》第347～355条

《中华人民共和国刑事诉讼法》第17条

《中华人民共和国引渡法》

《中华人民共和国国际刑事司法协助法》

第五十六条　【执法合作】国务院有关部门应当按照各自职责，加强与有关国家或者地区执法机关以及国际组织的禁毒情报信息交流，依法开展禁毒执法合作。

经国务院公安部门批准，边境地区县级以上人民政府公安机关可以与有关国家或者地区的执法机关开展执法合作。

条文注释

“国务院有关部门”，主要是指与禁毒工作密切相关的公安、卫生、海关、司法行政、交通运输、边检等部门，这些部门由于与毒品流通、贩运的监控、查验有密切关系，在禁毒执法中担当重要的角色，加强与有关国家和国际组织的禁毒情报信息交流，有利于加强禁毒执法工作。

地方人民政府公安机关可以与有关国家或者地区的执法机关开展执法合作，但限于边境地区县级以上人民政府公安机关，且要经国务院公安部门批准。

第五十七条　【涉案财物分享】通过禁毒国际合作破获毒品犯罪案件的，中华人民共和国政府可以与有关国家分享查获的非法所得、由非法所得获得的收益以及供毒品犯罪使用的财物或者财物变卖所得的款项。

条文注释

《联合国打击跨国有组织犯罪公约》对犯罪的非法所得及其收益如何处理已有相应的规定。该公约规定,缔约国可以根据本国法律或行政程序,经常地或逐案地与其他缔约国分享犯罪所得或财产或变卖这类犯罪所得或财产所获款项。实践中,通过禁毒国际合作请求有关国家提供协助时或者在合作破获毒品犯罪后,有关国家一般会提出分享犯罪所得的要求。分享犯罪所得等涉案财物符合对等原则,本条规定为分享涉案财物提供了国内法依据,有利于顺利开展禁毒国际合作。

关联法规

《联合国禁止非法贩运麻醉药品和精神药物公约》

《联合国打击跨国有组织犯罪公约》

第五十八条 【对外援助】国务院有关部门根据国务院授权,可以通过对外援助等渠道,支持有关国家实施毒品原植物替代种植、发展替代产业。

条文注释

“替代种植”是指在毒品原植物种植较集中的区域,用种植粮食、经济作物的方法替代毒品原植物种植,以达到降低毒品产量的一种禁毒措施。

“替代产业”是指与替代种植相关的产品生产、加工、出口等行业。发展毒品替代种植和替代产业,就是要从种植根源上减少毒品供应,从源头上解决毒品问题。

实施替代种植国际合作的主体为国务院有关部门,主要是公安、农业、财政、商务等部门。上述各部门在国务院的授权范围内,通过对外援助等形式,从资金、技术、市场、关税等方面支持相关国家实施毒品原植物的替代种植、发展替代产业。目前与我国建立了替代种植合作关系的国家主要有老挝、缅甸、越南、泰国、柬埔寨等。

第六章 法律责任

第五十九条 【毒品违法犯罪行为的法律责任】有下列行为之一，构成犯罪的，依法追究刑事责任；尚不构成犯罪的，依法给予治安管理处罚：

（一）走私、贩卖、运输、制造毒品的；

（二）非法持有毒品的；

（三）非法种植毒品原植物的；

（四）非法买卖、运输、携带、持有未经灭活的毒品原植物种子或者幼苗的；

（五）非法传授麻醉药品、精神药品或者易制毒化学品制造方法的；

（六）强迫、引诱、教唆、欺骗他人吸食、注射毒品的；

（七）向他人提供毒品的。

条文注释

本条是关于涉毒违法犯罪行为法律责任的规定。对涉毒犯罪行为应当依据刑法的规定追究行为人刑事责任；对涉毒违法行为应当依据治安管理处罚法给予行政处罚。根据刑法第347条的规定，走私、贩卖、运输、制造毒品，无论数量多少，都应当追究刑事责任，予以刑事处罚。“走私”是指违反海关法及有关法律、行政法规，逃避海关监管，运输、携带、邮寄毒品进出境的行为。“贩卖”是指非法出售毒品的行为；以出售为目的收买毒品的，也属于贩卖毒品。“运输”是指利用飞机、火车、汽车、轮船等交通工具或者随身携带的方法，将毒品从一地运往另一地的行为。“制造”是指非法从毒品原植物中提炼毒品或者利用化学分解、合成等方法制成毒品的行为。

关联法规

《中华人民共和国刑法》第295、347～355条

《中华人民共和国治安管理处罚法》第71～73条

第六十条 【妨害毒品查禁工作的法律责任】有下列行为之一，构成犯罪的，依法追究刑事责任；尚不构成犯罪的，依法给予治安管理处罚：

（一）包庇走私、贩卖、运输、制造毒品的犯罪分子，以及为犯罪分子窝藏、转移、隐瞒毒品或者犯罪所得财物的；

（二）在公安机关查处毒品违法犯罪活动时为违法犯罪行为人通风报信的；

（三）阻碍依法进行毒品检查的；

（四）隐藏、转移、变卖或者损毁司法机关、行政执法机关依法扣押、查封、冻结的涉及毒品违法犯罪活动的财物的。

关联法规

《中华人民共和国治安管理处罚法》第50、60、74条

《中华人民共和国刑法》第277、314、349、417条

第六十一条 【容留他人吸毒、介绍买卖毒品的法律责任】容留他人吸食、注射毒品或者介绍买卖毒品，构成犯罪的，依法追究刑事责任；尚不构成犯罪的，由公安机关处十日以上十五日以下拘留，可以并处三千元以下罚款；情节较轻的，处五日以下拘留或者五百元以下罚款。

条文注释

"容留"，是指为他人吸毒提供场所，包括私人住房以及酒吧、舞厅等经营场所。"介绍买卖毒品"行为应区别不同情况处理，如果行为人明知某人贩卖毒品，仍协助其寻找客源，兜售毒品，应以贩卖毒品罪的共犯论处，如果只是介绍买卖极少量的毒

品为了“过过瘾”，可以依法给予行政处罚。

关联法规

《中华人民共和国刑法》第354条

第六十二条　【吸毒的法律责任】吸食、注射毒品的，依法给予治安管理处罚。吸毒人员主动到公安机关登记或者到有资质的医疗机构接受戒毒治疗的，不予处罚。

条文注释

本条是关于吸毒行为法律责任的规定。吸食、注射毒品不仅严重损害吸毒人员自身的身心健康，而且极易引发犯罪等社会问题。因此，对吸毒行为要进行治安处罚。但考虑到吸毒人员既是违法者，也是毒品受害者，国家对吸毒人员的基本方针是帮助、教育和挽救，因此本条同时倡导吸毒人员主动登记、接受戒毒治疗，对主动戒毒的吸毒人员不予处罚。

关联法规

《中华人民共和国治安管理处罚法》第72条

第六十三条　【违反麻醉药品、精神药品以及麻醉药品药用原植物种植管制规定行为的法律责任】在麻醉药品、精神药品的实验研究、生产、经营、使用、储存、运输、进口、出口以及麻醉药品药用原植物种植活动中，违反国家规定，致使麻醉药品、精神药品或者麻醉药品药用原植物流入非法渠道，构成犯罪的，依法追究刑事责任；尚不构成犯罪的，依照有关法律、行政法规的规定给予处罚。

条文注释

本条规定的行为主体是特殊主体，即在麻醉药品、精神药品的实验研究、生产、经营、使用、储存、运输、进口、出口以及麻醉药品药用原植物种植活动中负有特定职责的人员。“致使麻醉药品、精神药品或者麻醉药品药用原植物流入非法渠道”，主要是指致使麻醉药品、精神药品或者麻醉药品药用原植物发生被盗、被抢、丢失或者其他流入非法渠道的情形。如果情节严重的，应当依照刑法第397条玩忽职守罪处罚。本条规定的人员，违反国家规定，向吸食、注射毒品的人提供国家规定管制的能够使人形成瘾癖的麻醉药品、精神药品的，应当依照刑法第355条的规定处罚，如果上述行为人以牟利为目的，则应依照刑法第347条的规定以贩卖毒品罪定罪处罚。

上述使麻醉药品、精神药品流入非法渠道的行为尚不构成犯罪的，依照有关法律、行政法规的规定给予处罚。

关联法规

《中华人民共和国刑法》第347、355、397条

《麻醉药品和精神药品管理条例》第82条

第六十四条 【违反易制毒化学品管制的法律责任】在易制毒化学品的生产、经营、购买、运输或者进口、出口活动中，违反国家规定，致使易制毒化学品流入非法渠道，构成犯罪的，依法追究刑事责任；尚不构成犯罪的，依照有关法律、行政法规的规定给予处罚。

条文注释

本条从刑事责任和行政责任两个方面对违反国家关于易制毒化学品管制规定的行为规定了法律责任。“构成犯罪的”，主要包括以下几种情况：一是由于玩忽职守或严重不负责任，违反有关规定和要求，致使易制毒化学品被盗、被抢或者丢失，情节严重的，以玩忽职守罪处罚。二是违反国家规定，非法运输、携带醋酸酐、乙醚、三氯甲烷或者其他用于制造毒品的原料或者配剂进出境的，或者违反国家规定，在境内非法买卖上述物品的，以走私运输毒品罪处罚。三是如果行为人明知他人制造毒品，仍为其提供易制毒化学品，并从中盈利的，应当作为制造毒品罪的共犯定罪处罚。

上述行为尚不构成犯罪，依照有关法律、行政法规的规定给予处罚。

关联法规

《中华人民共和国刑法》第347、350条

《易制毒化学品管理条例》第40条

《易制毒化学品进出口管理规定》

《易制毒化学品购销和运输管理办法》

《非药品类易制毒化学品生产、经营许可办法》

第六十五条　【娱乐场所涉毒违法犯罪行为的法律责任】娱乐场所及其从业人员实施毒品违法犯罪行为，或者为进入娱乐场所的人员实施毒品违法犯罪行为提供条件，构成犯罪的，依法追究刑事责任；尚不构成犯罪的，依照有关法律、行政法规的规定给予处罚。

娱乐场所经营管理人员明知场所内发生聚众吸食、注射毒品或者贩毒活动，不向公安机关报告的，依照前款的规定给予处罚。

条文注释

本条第一款规定了两种追究娱乐场所及其从业人员法律责任的情形：一是娱乐场所及其从业人员直接实施毒品违法犯罪活动的；二是为进入娱乐场所的人员实施毒品违法犯罪提供条件的。上述行为构成犯罪的，追究刑事责任；尚不构成犯罪的给予治安处罚。

本条第二款是关于娱乐场所经营管理人员明知场所内有聚众吸食、注射毒品或者贩毒活动而不报告的处罚规定。“娱乐场所经营管理人员”是指娱乐场所的投资人、法定代表人、经理或者其他具体负责日常经营和管理的人员。娱乐场所的经营管理人员对于发生在本场所内的聚众吸食、注射毒品活动不报告的，

构成犯罪的追究刑事责任;尚不构成犯罪的,予以行政处罚。如明知在本场所内有贩毒等犯罪活动,而包庇犯罪分子,为犯罪分子窝藏、转移、隐瞒毒品或者犯罪所得的财物的,依照刑法第 349 条的规定定罪处罚。

关联法规

《中华人民共和国刑法》第 349 条

《中华人民共和国治安管理处罚法》第 74 条

《娱乐场所管理条例》第 14、43 条

第六十六条　【非法从事戒毒治疗业务的法律责任】未经批准,擅自从事戒毒治疗业务的,由卫生行政部门责令停止违法业务活动,没收违法所得和使用的药品、医疗器械等物品;构成犯罪的,依法追究刑事责任。

条文注释

本条是关于擅自从事戒毒治疗业务的处罚规定。“擅自从事戒毒治疗业务”是指违反国家有关规定,未经依法批准而对吸毒人员进行戒毒治疗的行为。“构成犯罪”主要是指没有医生资格而非法行医为他人戒毒的,要依照刑法第 336 条的规定定罪处罚。对没有经过批准而以戒毒治疗的名义为他人提供毒品牟利的,要依照刑法有关毒品犯罪的规定处罚。

关联法规

《中华人民共和国刑法》第 336 条

第六十七条　【戒毒医疗机构发现吸毒不报告的法律责任】戒毒医疗机构发现接受戒毒治疗的戒毒人员在治疗期间吸食、注射毒品,不向公安机关报告的,由卫生行政部门责令改正;情节严重的,责令停业整顿。

第六十八条　【违反麻醉药品、精神药品使用规定的法律责任】强制隔离戒毒场所、医疗机构、医师违反规定使用麻醉药品、精神药品，构成犯罪的，依法追究刑事责任；尚不构成犯罪的，依照有关法律、行政法规的规定给予处罚。

条文注释

强制隔离戒毒场所、医疗机构、医师违反规定使用麻醉药品、精神药品，构成犯罪的，依法追究刑事责任，如：违反国家规定，向吸食、注射毒品的人提供麻醉药品或者精神药品的，应依照刑法第355条非法提供麻醉药品、精神药品罪的规定定罪处罚。强制隔离戒毒场所、医疗机构等单位构成犯罪的，对单位判处罚金，并对其直接负责的主管人员和其他直接责任人员依照有关规定定罪处罚。强制隔离戒毒场所、医疗机构、医师违反规定使用麻醉药品、精神药品，尚不构成犯罪的，依照有关法律、行政法规的规定给予处罚。

关联法规

《中华人民共和国医师法》第56条

《中华人民共和国刑法》第355条

《麻醉药品和精神药品管理条例》第39～45条

第六十九条　【禁毒工作人员违法犯罪行为的法律责任】公安机关、司法行政部门或者其他有关主管部门的工作人员在禁毒工作中有下列行为之一，构成犯罪的，依法追究刑事责任；尚不构成犯罪的，依法给予处分：

（一）包庇、纵容毒品违法犯罪人员的；

（二）对戒毒人员有体罚、虐待、侮辱等行为的；

（三）挪用、截留、克扣禁毒经费的；

（四）擅自处分查获的毒品和扣押、查封、冻结的涉及毒品违法犯罪活动的财物的。

条文注释

“包庇、纵容毒品违法犯罪人员”，主要是指有关主管部门的工作人员在禁毒工作中发现毒品违法犯罪行为而不查处，以窝藏毒品违法犯罪人员或者做假证明等方式，帮助毒品违法犯罪人员逃避法律追究的行为。包庇、纵容毒品违法犯罪人员构成犯罪的，依照刑法第349条、第417条的规定定罪处罚。对戒毒人员有体罚、虐待、侮辱等行为，构成犯罪的，可分别依照刑法第234条故意伤害罪、第248条虐待被监管人罪等处罚。挪用、截留、克扣禁毒经费或擅自处分查获的毒品和扣押、查封、冻结的涉及毒品违法犯罪活动的财物，构成犯罪的，可依照刑法第384条挪用公款罪、第383条贪污罪追究刑事责任。上述各项行为尚不构成犯罪的，依照治安管理处罚法等法律法规给予处罚。

关联法规

《中华人民共和国刑法》第234、248、349、383、384、417条

《中华人民共和国治安管理处罚法》第11条

第七十条　【歧视戒毒人员的法律责任】有关单位及其工作人员在入学、就业、享受社会保障等方面歧视戒毒人员的，由教育行政部门、劳动行政部门责令改正；给当事人造成损失的，依法承担赔偿责任。

条文注释

“给当事人造成损失”是指有关单位及其工作人员在入学、就业、享受社会保障等方面歧视戒毒人员而给戒毒人员造成入学、就业、享受社会保障方面的损失，包括已经遭受的直接的经济损失、机会损失，以及未来必然的经济损失、机会损失，不包括间接损失或可能的损失。

承担赔偿责任包括经济赔偿和机会上的补偿。

第七章　附　　则

第七十一条　【施行日期】本法自2008年6月1日起施行。《全国人民代表大会常务委员会关于禁毒的决定》同时废止。

条文注释

本法于2007年12月29日由第十届全国人民代表大会常务委员会第三十一次会议通过，自2008年6月1日起施行，从通过到施行有半年时间，这是为了有关方面利用这段时间做好本法实施的各项准备，对本法进行必要的宣传学习，制定配套规定等，以保证本法的贯彻实施。1990年通过的《全国人民代表大会常务委员会关于禁毒的决定》，对于涉及毒品的违法犯罪行为作了详细的规定。1997年修订刑法时，该决定中有关刑事责任的规定已被纳入刑法，自修订的刑法施行之日起，应当适用刑法的规定。该决定中有关行政处罚和行政措施的规定继续有效。本法实施以后，该决定中有关行政处罚和行政措施的规定已被纳入本法中，因此，自本法实施之日起，该决定予以废止。

关联法规

《中华人民共和国刑法》第452条

《中华人民共和国立法法》第57条

附　录

一、行 政 管 理

中华人民共和国
治安管理处罚法（节录）

（2005年8月28日第十届全国人民代表大会常务委员会第十七次会议通过　根据2012年10月26日第十一届全国人民代表大会常务委员会第二十九次会议《关于修改〈中华人民共和国治安管理处罚法〉的决定》修正）

第十一条　【查获违禁品、工具和违法所得财物的处理】办理治安案件所查获的毒品、淫秽物品等违禁品，赌具、赌资，吸食、注射毒品的用具以及直接用于实施违反治安管理行为的本人所有的工具，应当收缴，按照规定处理。

违反治安管理所得的财物，追缴退还被侵害人；没有被侵害人的，登记造册，公开拍卖或者按照国家有关规定处理，所得款项上缴国库。

第五十条　【对拒不执行紧急状态决定、命令和阻碍执行公务的处罚】有下列行为之一的，处警告或者二百元以下罚款；情节严重的，处五日以上十日以下拘留，可以并处五百元以下罚款：

（一）拒不执行人民政府在紧急状态情况下依法发布的决定、

命令的；

（二）阻碍国家机关工作人员依法执行职务的；

（三）阻碍执行紧急任务的消防车、救护车、工程抢险车、警车等车辆通行的；

（四）强行冲闯公安机关设置的警戒带、警戒区的。

阻碍人民警察依法执行职务的，从重处罚。

第六十条　【对妨害执法秩序的处罚】有下列行为之一的，处五日以上十日以下拘留，并处二百元以上五百元以下罚款：

（一）隐藏、转移、变卖或者损毁行政执法机关依法扣押、查封、冻结的财物的；

（二）伪造、隐匿、毁灭证据或者提供虚假证言、谎报案情，影响行政执法机关依法办案的；

（三）明知是赃物而窝藏、转移或者代为销售的；

（四）被依法执行管制、剥夺政治权利或者在缓刑、暂予监外执行中的罪犯或者被依法采取刑事强制措施的人，有违反法律、行政法规或者国务院有关部门的监督管理规定的行为。

第七十一条　【涉及毒品原植物的行为及处罚】有下列行为之一的，处十日以上十五日以下拘留，可以并处三千元以下罚款；情节较轻的，处五日以下拘留或者五百元以下罚款：

（一）非法种植罂粟不满五百株或者其他少量毒品原植物的；

（二）非法买卖、运输、携带、持有少量未经灭活的罂粟等毒品原植物种子或者幼苗的；

（三）非法运输、买卖、储存、使用少量罂粟壳的。

有前款第一项行为，在成熟前自行铲除的，不予处罚。

第七十二条　【毒品违法行为及处罚】有下列行为之一的，处十日以上十五日以下拘留，可以并处二千元以下罚款；情节较轻的，处五日以下拘留或者五百元以下罚款：

（一）非法持有鸦片不满二百克、海洛因或者甲基苯丙胺不满十克或者其他少量毒品的；

（二）向他人提供毒品的；

（三）吸食、注射毒品的；

（四）胁迫、欺骗医务人员开具麻醉药品、精神药品的。

第七十三条 【对教唆、引诱、欺骗他人吸食、注射毒品的处罚】教唆、引诱、欺骗他人吸食、注射毒品的，处十日以上十五日以下拘留，并处五百元以上二千元以下罚款。

第七十四条 【对服务行业人员通风报信行为的处罚】旅馆业、饮食服务业、文化娱乐业、出租汽车业等单位的人员，在公安机关查处吸毒、赌博、卖淫、嫖娼活动时，为违法犯罪行为人通风报信的，处十日以上十五日以下拘留。

戒毒条例

（2011年6月22日国务院第160次常务会议通过 2011年6月26日国务院令第597号公布 根据2018年9月18日国务院令第703号《关于修改部分行政法规的决定》修订）

第一章 总 则

第一条 为了规范戒毒工作，帮助吸毒成瘾人员戒除毒瘾，维护社会秩序，根据《中华人民共和国禁毒法》，制定本条例。

第二条 县级以上人民政府应当建立政府统一领导，禁毒委员会组织、协调、指导,有关部门各负其责,社会力量广泛参与的戒毒工作体制。

戒毒工作坚持以人为本、科学戒毒、综合矫治、关怀救助的原则,采取自愿戒毒、社区戒毒、强制隔离戒毒、社区康复等多种措施,建立戒毒治疗、康复指导、救助服务兼备的工作体系。

第三条 县级以上人民政府应当按照国家有关规定将戒毒工作所需经费列入本级财政预算。

第四条 县级以上地方人民政府设立的禁毒委员会可以组织公安机关、卫生行政和负责药品监督管理的部门开展吸毒监测、调查,并向社会公开监测、调查结果。

县级以上地方人民政府公安机关负责对涉嫌吸毒人员进行检测,对吸毒人员进行登记并依法实行动态管控,依法责令社区戒毒、决定强制隔离戒毒、责令社区康复,管理公安机关的强制隔离戒毒场所、戒毒康复场所,对社区戒毒、社区康复工作提供指导和支持。

设区的市级以上地方人民政府司法行政部门负责管理司法行政部门的强制隔离戒毒场所、戒毒康复场所,对社区戒毒、社区康复工作提供指导和支持。

县级以上地方人民政府卫生行政部门负责戒毒医疗机构的监督管理,会同公安机关、司法行政等部门制定戒毒医疗机构设置规划,对戒毒医疗服务提供指导和支持。

县级以上地方人民政府民政、人力资源社会保障、教育等部门依据各自的职责,对社区戒毒、社区康复工作提供康复和职业技能培训等指导和支持。

第五条 乡(镇)人民政府、城市街道办事处负责社区戒毒、社区康复工作。

第六条 县级、设区的市级人民政府需要设置强制隔离戒毒场所、戒毒康复场所的,应当合理布局,报省、自治区、直辖市人民政府批准,并纳入当地国民经济和社会发展规划。

强制隔离戒毒场所、戒毒康复场所的建设标准,由国务院建设部门、发展改革部门会同国务院公安部门、司法行政部门制定。

第七条 戒毒人员在入学、就业、享受社会保障等方面不受歧视。

对戒毒人员戒毒的个人信息应当依法予以保密。对戒断3年未复吸的人员，不再实行动态管控。

第八条 国家鼓励、扶持社会组织、企业、事业单位和个人参与戒毒科研、戒毒社会服务和戒毒社会公益事业。

对在戒毒工作中有显著成绩和突出贡献的，按照国家有关规定给予表彰、奖励。

第二章 自愿戒毒

第九条 国家鼓励吸毒成瘾人员自行戒除毒瘾。吸毒人员可以自行到戒毒医疗机构接受戒毒治疗。对自愿接受戒毒治疗的吸毒人员，公安机关对其原吸毒行为不予处罚。

第十条 戒毒医疗机构应当与自愿戒毒人员或者其监护人签订自愿戒毒协议，就戒毒方法、戒毒期限、戒毒的个人信息保密、戒毒人员应当遵守的规章制度、终止戒毒治疗的情形等作出约定，并应当载明戒毒疗效、戒毒治疗风险。

第十一条 戒毒医疗机构应当履行下列义务：

（一）对自愿戒毒人员开展艾滋病等传染病的预防、咨询教育；

（二）对自愿戒毒人员采取脱毒治疗、心理康复、行为矫治等多种治疗措施，并应当符合国务院卫生行政部门制定的戒毒治疗规范；

（三）采用科学、规范的诊疗技术和方法，使用的药物、医院制剂、医疗器械应当符合国家有关规定；

（四）依法加强药品管理，防止麻醉药品、精神药品流失滥用。

第十二条 符合参加戒毒药物维持治疗条件的戒毒人员，由本人申请，并经登记，可以参加戒毒药物维持治疗。登记参加戒毒药物维持治疗的戒毒人员的信息应当及时报公安机关备案。

戒毒药物维持治疗的管理办法，由国务院卫生行政部门会同国务院公安部门、药品监督管理部门制定。

第三章 社区戒毒

第十三条 对吸毒成瘾人员，县级、设区的市级人民政府公安机关可以责令其接受社区戒毒，并出具责令社区戒毒决定书，送达本人及其家属，通知本人户籍所在地或者现居住地乡（镇）人民政府、城市街道办事处。

第十四条 社区戒毒人员应当自收到责令社区戒毒决定书之日起15日内到社区戒毒执行地乡（镇）人民政府、城市街道办事处报到，无正当理由逾期不报到的，视为拒绝接受社区戒毒。

社区戒毒的期限为3年，自报到之日起计算。

第十五条 乡（镇）人民政府、城市街道办事处应当根据工作需要成立社区戒毒工作领导小组，配备社区戒毒专职工作人员，制定社区戒毒工作计划，落实社区戒毒措施。

第十六条 乡（镇）人民政府、城市街道办事处，应当在社区戒毒人员报到后及时与其签订社区戒毒协议，明确社区戒毒的具体措施、社区戒毒人员应当遵守的规定以及违反社区戒毒协议应承担的责任。

第十七条 社区戒毒专职工作人员、社区民警、社区医务人员、社区戒毒人员的家庭成员以及禁毒志愿者共同组成社区戒毒工作小组具体实施社区戒毒。

第十八条 乡（镇）人民政府、城市街道办事处和社区戒毒工作小组应当采取下列措施管理、帮助社区戒毒人员：

（一）戒毒知识辅导；

（二）教育、劝诫；

（三）职业技能培训，职业指导，就学、就业、就医援助；

（四）帮助戒毒人员戒除毒瘾的其他措施。

第十九条 社区戒毒人员应当遵守下列规定：

（一）履行社区戒毒协议；

（二）根据公安机关的要求，定期接受检测；

（三）离开社区戒毒执行地所在县（市、区）3日以上的，须书面报告。

第二十条 社区戒毒人员在社区戒毒期间，逃避或者拒绝接受检测3次以上，擅自离开社区戒毒执行地所在县（市、区）3次以上或者累计超过30日的，属于《中华人民共和国禁毒法》规定的"严重违反社区戒毒协议"。

第二十一条 社区戒毒人员拒绝接受社区戒毒，在社区戒毒期间又吸食、注射毒品，以及严重违反社区戒毒协议的，社区戒毒专职工作人员应当及时向当地公安机关报告。

第二十二条 社区戒毒人员的户籍所在地或者现居住地发生变化，需要变更社区戒毒执行地的，社区戒毒执行地乡（镇）人民政府、城市街道办事处应当将有关材料转送至变更后的乡（镇）人民政府、城市街道办事处。

社区戒毒人员应当自社区戒毒执行地变更之日起15日内前往变更后的乡（镇）人民政府、城市街道办事处报到，社区戒毒时间自报到之日起连续计算。

变更后的乡（镇）人民政府、城市街道办事处，应当按照本条例第十六条的规定，与社区戒毒人员签订新的社区戒毒协议，继续执行社区戒毒。

第二十三条 社区戒毒自期满之日起解除。社区戒毒执行地公安机关应当出具解除社区戒毒通知书送达社区戒毒人员本人及其家属，并在7日内通知社区戒毒执行地乡（镇）人民政府、城市街道办事处。

第二十四条 社区戒毒人员被依法收监执行刑罚、采取强制性教育措施的，社区戒毒终止。

社区戒毒人员被依法拘留、逮捕的，社区戒毒中止，由羁押场所给予必要的戒毒治疗，释放后继续接受社区戒毒。

第四章 强制隔离戒毒

第二十五条 吸毒成瘾人员有《中华人民共和国禁毒法》第三十八条第一款所列情形之一的，由县级、设区的市级人民政府公安机关作出强制隔离戒毒的决定。

对于吸毒成瘾严重，通过社区戒毒难以戒除毒瘾的人员，县级、设区的市级人民政府公安机关可以直接作出强制隔离戒毒的决定。

吸毒成瘾人员自愿接受强制隔离戒毒的，经强制隔离戒毒场所所在地县级、设区的市级人民政府公安机关同意，可以进入强制隔离戒毒场所戒毒。强制隔离戒毒场所应当与其就戒毒治疗期限、戒毒治疗措施等作出约定。

第二十六条 对依照《中华人民共和国禁毒法》第三十九条第一款规定不适用强制隔离戒毒的吸毒成瘾人员，县级、设区的市级人民政府公安机关应当作出社区戒毒的决定，依照本条例第三章的规定进行社区戒毒。

第二十七条 强制隔离戒毒的期限为 2 年，自作出强制隔离戒毒决定之日起计算。

被强制隔离戒毒的人员在公安机关的强制隔离戒毒场所执行强制隔离戒毒 3 个月至 6 个月后，转至司法行政部门的强制隔离戒毒场所继续执行强制隔离戒毒。

执行前款规定不具备条件的省、自治区、直辖市，由公安机关和司法行政部门共同提出意见报省、自治区、直辖市人民政府决定具体执行方案，但在公安机关的强制隔离戒毒场所执行强制隔离戒毒的时间不得超过 12 个月。

第二十八条 强制隔离戒毒场所对强制隔离戒毒人员的身体和携带物品进行检查时发现的毒品等违禁品，应当依法处理；对生活必需品以外的其他物品，由强制隔离戒毒场所代为保管。

女性强制隔离戒毒人员的身体检查，应当由女性工作人员进行。

第二十九条 强制隔离戒毒场所设立戒毒医疗机构应当经所在地省、自治区、直辖市人民政府卫生行政部门批准。强制隔离戒毒场所应当配备设施设备及必要的管理人员,依法为强制隔离戒毒人员提供科学规范的戒毒治疗、心理治疗、身体康复训练和卫生、道德、法制教育,开展职业技能培训。

第三十条 强制隔离戒毒场所应当根据强制隔离戒毒人员的性别、年龄、患病等情况对强制隔离戒毒人员实行分别管理;对吸食不同种类毒品的,应当有针对性地采取必要的治疗措施;根据戒毒治疗的不同阶段和强制隔离戒毒人员的表现,实行逐步适应社会的分级管理。

第三十一条 强制隔离戒毒人员患严重疾病,不出所治疗可能危及生命的,经强制隔离戒毒场所主管机关批准,并报强制隔离戒毒决定机关备案,强制隔离戒毒场所可以允许其所外就医。所外就医的费用由强制隔离戒毒人员本人承担。

所外就医期间,强制隔离戒毒期限连续计算。对于健康状况不再适宜回所执行强制隔离戒毒的,强制隔离戒毒场所应当向强制隔离戒毒决定机关提出变更为社区戒毒的建议,强制隔离戒毒决定机关应当自收到建议之日起 7 日内,作出是否批准的决定。经批准变更为社区戒毒的,已执行的强制隔离戒毒期限折抵社区戒毒期限。

第三十二条 强制隔离戒毒人员脱逃的,强制隔离戒毒场所应当立即通知所在地县级人民政府公安机关,并配合公安机关追回脱逃人员。被追回的强制隔离戒毒人员应当继续执行强制隔离戒毒,脱逃期间不计入强制隔离戒毒期限。被追回的强制隔离戒毒人员不得提前解除强制隔离戒毒。

第三十三条 对强制隔离戒毒场所依照《中华人民共和国禁毒法》第四十七条第二款、第三款规定提出的提前解除强制隔离戒毒、延长戒毒期限的意见,强制隔离戒毒决定机关应当自收到意见之日起 7 日内,作出是否批准的决定。对提前解除强制隔离戒毒或者延长强制隔离戒毒期限的,批准机关应当出具提前解除强制隔离戒毒决定书或者延长强制隔离戒毒期限决定书,送达被决定人,并在送达后24小时以内通知被决定人的家属、所在单位以及其户籍所在地或者现居住地公安派出所。

第三十四条 解除强制隔离戒毒的，强制隔离戒毒场所应当在解除强制隔离戒毒3日前通知强制隔离戒毒决定机关，出具解除强制隔离戒毒证明书送达戒毒人员本人，并通知其家属、所在单位、其户籍所在地或者现居住地公安派出所将其领回。

第三十五条 强制隔离戒毒诊断评估办法由国务院公安部门、司法行政部门会同国务院卫生行政部门制定。

第三十六条 强制隔离戒毒人员被依法收监执行刑罚、采取强制性教育措施或者被依法拘留、逮捕的，由监管场所、羁押场所给予必要的戒毒治疗，强制隔离戒毒的时间连续计算；刑罚执行完毕时、解除强制性教育措施时或者释放时强制隔离戒毒尚未期满的，继续执行强制隔离戒毒。

第五章 社 区 康 复

第三十七条 对解除强制隔离戒毒的人员，强制隔离戒毒的决定机关可以责令其接受不超过3年的社区康复。

社区康复在当事人户籍所在地或者现居住地乡（镇）人民政府、城市街道办事处执行，经当事人同意，也可以在戒毒康复场所中执行。

第三十八条 被责令接受社区康复的人员，应当自收到责令社区康复决定书之日起15日内到户籍所在地或者现居住地乡（镇）人民政府、城市街道办事处报到，签订社区康复协议。

被责令接受社区康复的人员拒绝接受社区康复或者严重违反社区康复协议，并再次吸食、注射毒品被决定强制隔离戒毒的，强制隔离戒毒不得提前解除。

第三十九条 负责社区康复工作的人员应当为社区康复人员提供必要的心理治疗和辅导、职业技能培训、职业指导以及就学、就业、就医援助。

第四十条 社区康复自期满之日起解除。社区康复执行地公安机关出具解除社区康复通知书送达社区康复人员本人及其家属，并在7日内通知社区康复执行地乡（镇）人民政府、城市街道办事处。

第四十一条 自愿戒毒人员、社区戒毒、社区康复的人员可以自愿与戒毒康复场所签订协议，到戒毒康复场所戒毒康复、生活和劳动。

戒毒康复场所应当配备必要的管理人员和医务人员，为戒毒人员提供戒毒康复、职业技能培训和生产劳动条件。

第四十二条 戒毒康复场所应当加强管理，严禁毒品流入，并建立戒毒康复人员自我管理、自我教育、自我服务的机制。

戒毒康复场所组织戒毒人员参加生产劳动，应当参照国家劳动用工制度的规定支付劳动报酬。

第六章 法律责任

第四十三条 公安、司法行政、卫生行政等有关部门工作人员泄露戒毒人员个人信息的，依法给予处分；构成犯罪的，依法追究刑事责任。

第四十四条 乡（镇）人民政府、城市街道办事处负责社区戒毒、社区康复工作的人员有下列行为之一的，依法给予处分：

（一）未与社区戒毒、社区康复人员签订社区戒毒、社区康复协议，不落实社区戒毒、社区康复措施的；

（二）不履行本条例第二十一条规定的报告义务的；

（三）其他不履行社区戒毒、社区康复监督职责的行为。

第四十五条 强制隔离戒毒场所的工作人员有下列行为之一的，依法给予处分；构成犯罪的，依法追究刑事责任：

（一）侮辱、虐待、体罚强制隔离戒毒人员的；

（二）收受、索要财物的；

（三）擅自使用、损毁、处理没收或者代为保管的财物的；

（四）为强制隔离戒毒人员提供麻醉药品、精神药品或者违反规定传递其他物品的；

（五）在强制隔离戒毒诊断评估工作中弄虚作假的；

（六）私放强制隔离戒毒人员的；

（七）其他徇私舞弊、玩忽职守、不履行法定职责的行为。

第七章　附　　则

第四十六条　本条例自公布之日起施行。1995 年 1 月 12 日国务院发布的《强制戒毒办法》同时废止。

易制毒化学品管理条例

（2005 年 8 月 17 日国务院第 102 次常务会议通过　2005 年 8 月 26 日国务院令第 445 号公布　根据 2014 年 7 月 29 日国务院令第 653 号《关于修改部分行政法规的决定》第一次修订　根据 2016 年 2 月 6 日国务院令第 666 号《关于修改部分行政法规的决定》第二次修订　根据 2018 年 9 月 18 日国务院令第 703 号《关于修改部分行政法规的决定》第三次修订）

第一章　总　　则

第一条　为了加强易制毒化学品管理，规范易制毒化学品的生产、经营、购买、运输和进口、出口行为,防止易制毒化学品被用于制造毒品,维护经济和社会秩序,制定本条例。

第二条 国家对易制毒化学品的生产、经营、购买、运输和进口、出口实行分类管理和许可制度。

易制毒化学品分为三类。第一类是可以用于制毒的主要原料,第二类、第三类是可以用于制毒的化学配剂。易制毒化学品的具体分类和品种,由本条例附表列示。

易制毒化学品的分类和品种需要调整的,由国务院公安部门会同国务院药品监督管理部门、安全生产监督管理部门、商务主管部门、卫生主管部门和海关总署提出方案,报国务院批准。

省、自治区、直辖市人民政府认为有必要在本行政区域内调整分类或者增加本条例规定以外的品种的,应当向国务院公安部门提出,由国务院公安部门会同国务院有关行政主管部门提出方案,报国务院批准。

第三条 国务院公安部门、药品监督管理部门、安全生产监督管理部门、商务主管部门、卫生主管部门、海关总署、价格主管部门、铁路主管部门、交通主管部门、市场监督管理部门、生态环境主管部门在各自的职责范围内,负责全国的易制毒化学品有关管理工作;县级以上地方各级人民政府有关行政主管部门在各自的职责范围内,负责本行政区域内的易制毒化学品有关管理工作。

县级以上地方各级人民政府应当加强对易制毒化学品管理工作的领导,及时协调解决易制毒化学品管理工作中的问题。

第四条 易制毒化学品的产品包装和使用说明书,应当标明产品的名称(含学名和通用名)、化学分子式和成分。

第五条 易制毒化学品的生产、经营、购买、运输和进口、出口,除应当遵守本条例的规定外,属于药品和危险化学品的,还应当遵守法律、其他行政法规对药品和危险化学品的有关规定。

禁止走私或者非法生产、经营、购买、转让、运输易制毒化学品。

禁止使用现金或者实物进行易制毒化学品交易。但是,个人合法购买第一类中的药品类易制毒化学品药品制剂和第三类易制毒化学品的除外。

生产、经营、购买、运输和进口、出口易制毒化学品的单位，应当建立单位内部易制毒化学品管理制度。

第六条　国家鼓励向公安机关等有关行政主管部门举报涉及易制毒化学品的违法行为。接到举报的部门应当为举报者保密。对举报属实的，县级以上人民政府及有关行政主管部门应当给予奖励。

第二章　生产、经营管理

第七条　申请生产第一类易制毒化学品，应当具备下列条件，并经本条例第八条规定的行政主管部门审批，取得生产许可证后，方可进行生产：

（一）属依法登记的化工产品生产企业或者药品生产企业；

（二）有符合国家标准的生产设备、仓储设施和污染物处理设施；

（三）有严格的安全生产管理制度和环境突发事件应急预案；

（四）企业法定代表人和技术、管理人员具有安全生产和易制毒化学品的有关知识，无毒品犯罪记录；

（五）法律、法规、规章规定的其他条件。

申请生产第一类中的药品类易制毒化学品，还应当在仓储场所等重点区域设置电视监控设施以及与公安机关联网的报警装置。

第八条　申请生产第一类中的药品类易制毒化学品的，由省、自治区、直辖市人民政府药品监督管理部门审批；申请生产第一类中的非药品类易制毒化学品的，由省、自治区、直辖市人民政府安全生产监督管理部门审批。

前款规定的行政主管部门应当自收到申请之日起60日内，对申请人提交的申请材料进行审查。对符合规定的，发给生产许可证，或者在企业已经取得的有关生产许可证件上标注；不予许可的，应当书面说明理由。

审查第一类易制毒化学品生产许可申请材料时，根据需要，可以进行实地核查和专家评审。

第九条 申请经营第一类易制毒化学品，应当具备下列条件，并经本条例第十条规定的行政主管部门审批，取得经营许可证后，方可进行经营：

（一）属依法登记的化工产品经营企业或者药品经营企业；

（二）有符合国家规定的经营场所，需要储存、保管易制毒化学品的，还应当有符合国家技术标准的仓储设施；

（三）有易制毒化学品的经营管理制度和健全的销售网络；

（四）企业法定代表人和销售、管理人员具有易制毒化学品的有关知识，无毒品犯罪记录；

（五）法律、法规、规章规定的其他条件。

第十条 申请经营第一类中的药品类易制毒化学品的，由省、自治区、直辖市人民政府药品监督管理部门审批；申请经营第一类中的非药品类易制毒化学品的，由省、自治区、直辖市人民政府安全生产监督管理部门审批。

前款规定的行政主管部门应当自收到申请之日起30日内，对申请人提交的申请材料进行审查。对符合规定的，发给经营许可证，或者在企业已经取得的有关经营许可证件上标注；不予许可的，应当书面说明理由。

审查第一类易制毒化学品经营许可申请材料时，根据需要，可以进行实地核查。

第十一条 取得第一类易制毒化学品生产许可或者依照本条例第十三条第一款规定已经履行第二类、第三类易制毒化学品备案手续的生产企业，可以经销自产的易制毒化学品。但是，在厂外设立销售网点经销第一类易制毒化学品的，应当依照本条例的规定取得经营许可。

第一类中的药品类易制毒化学品药品单方制剂，由麻醉药品定点经营企业经销，且不得零售。

第十二条 取得第一类易制毒化学品生产、经营许可的企业，应当凭生产、经营许可证到市场监督管理部门办理经营范围变更登记。未经变更登记，不得进行第一类易制毒化学品的生产、经营。

第一类易制毒化学品生产、经营许可证被依法吊销的，行政主管部门应当自作出吊销决定之日起5日内通知市场监督管理部门；被吊销许可证的企业，应当及时到市场监督管理部门办理经营范围变更或者企业注销登记。

第十三条 生产第二类、第三类易制毒化学品的，应当自生产之日起30日内，将生产的品种、数量等情况，向所在地的设区的市级人民政府安全生产监督管理部门备案。

经营第二类易制毒化学品的，应当自经营之日起30日内，将经营的品种、数量、主要流向等情况，向所在地的设区的市级人民政府安全生产监督管理部门备案；经营第三类易制毒化学品的，应当自经营之日起30日内，将经营的品种、数量、主要流向等情况，向所在地的县级人民政府安全生产监督管理部门备案。

前两款规定的行政主管部门应当于收到备案材料的当日发给备案证明。

第三章 购买管理

第十四条 申请购买第一类易制毒化学品，应当提交下列证件，经本条例第十五条规定的行政主管部门审批，取得购买许可证：

（一）经营企业提交企业营业执照和合法使用需要证明；

（二）其他组织提交登记证书（成立批准文件）和合法使用需要证明。

第十五条 申请购买第一类中的药品类易制毒化学品的，由所在地的省、自治区、直辖市人民政府药品监督管理部门审批；申请购买第一类中的非药品类易制毒化学品的，由所在地的省、自治区、直辖市人民政府公安机关审批。

前款规定的行政主管部门应当自收到申请之日起10日内,对申请人提交的申请材料和证件进行审查。对符合规定的,发给购买许可证;不予许可的,应当书面说明理由。

审查第一类易制毒化学品购买许可申请材料时,根据需要,可以进行实地核查。

第十六条 持有麻醉药品、第一类精神药品购买印鉴卡的医疗机构购买第一类中的药品类易制毒化学品的,无须申请第一类易制毒化学品购买许可证。

个人不得购买第一类、第二类易制毒化学品。

第十七条 购买第二类、第三类易制毒化学品的,应当在购买前将所需购买的品种、数量,向所在地的县级人民政府公安机关备案。个人自用购买少量高锰酸钾的,无须备案。

第十八条 经营单位销售第一类易制毒化学品时,应当查验购买许可证和经办人的身份证明。对委托代购的,还应当查验购买人持有的委托文书。

经营单位在查验无误、留存上述证明材料的复印件后,方可出售第一类易制毒化学品;发现可疑情况的,应当立即向当地公安机关报告。

第十九条 经营单位应当建立易制毒化学品销售台账,如实记录销售的品种、数量、日期、购买方等情况。销售台账和证明材料复印件应当保存2年备查。

第一类易制毒化学品的销售情况,应当自销售之日起5日内报当地公安机关备案;第一类易制毒化学品的使用单位,应当建立使用台账,并保存2年备查。

第二类、第三类易制毒化学品的销售情况,应当自销售之日起30日内报当地公安机关备案。

第四章　运 输 管 理

第二十条 跨设区的市级行政区域(直辖市为跨市界)或者在国

务院公安部门确定的禁毒形势严峻的重点地区跨县级行政区域运输第一类易制毒化学品的,由运出地的设区的市级人民政府公安机关审批;运输第二类易制毒化学品的,由运出地的县级人民政府公安机关审批。经审批取得易制毒化学品运输许可证后,方可运输。

运输第三类易制毒化学品的,应当在运输前向运出地的县级人民政府公安机关备案。公安机关应当于收到备案材料的当日发给备案证明。

第二十一条 申请易制毒化学品运输许可,应当提交易制毒化学品的购销合同,货主是企业的,应当提交营业执照;货主是其他组织的,应当提交登记证书(成立批准文件);货主是个人的,应当提交其个人身份证明。经办人还应当提交本人的身份证明。

公安机关应当自收到第一类易制毒化学品运输许可申请之日起10日内,收到第二类易制毒化学品运输许可申请之日起3日内,对申请人提交的申请材料进行审查。对符合规定的,发给运输许可证;不予许可的,应当书面说明理由。

审查第一类易制毒化学品运输许可申请材料时,根据需要,可以进行实地核查。

第二十二条 对许可运输第一类易制毒化学品的,发给一次有效的运输许可证。

对许可运输第二类易制毒化学品的,发给3个月有效的运输许可证;6个月内运输安全状况良好的,发给12个月有效的运输许可证。

易制毒化学品运输许可证应当载明拟运输的易制毒化学品的品种、数量、运入地、货主及收货人、承运人情况以及运输许可证种类。

第二十三条 运输供教学、科研使用的100克以下的麻黄素样品和供医疗机构制剂配方使用的小包装麻黄素以及医疗机构或者麻醉药品经营企业购买麻黄素片剂6万片以下、注射剂1.5万支以下,货主或者承运人持有依法取得的购买许可证明或者麻醉药品调拨单的,无须申请易制毒化学品运输许可。

第二十四条 接受货主委托运输的，承运人应当查验货主提供的运输许可证或者备案证明，并查验所运货物与运输许可证或者备案证明载明的易制毒化学品品种等情况是否相符；不相符的，不得承运。

运输易制毒化学品，运输人员应当自启运起全程携带运输许可证或者备案证明。公安机关应当在易制毒化学品的运输过程中进行检查。

运输易制毒化学品，应当遵守国家有关货物运输的规定。

第二十五条 因治疗疾病需要，患者、患者近亲属或者患者委托的人凭医疗机构出具的医疗诊断书和本人的身份证明，可以随身携带第一类中的药品类易制毒化学品药品制剂，但是不得超过医用单张处方的最大剂量。

医用单张处方最大剂量，由国务院卫生主管部门规定、公布。

第五章 进口、出口管理

第二十六条 申请进口或者出口易制毒化学品，应当提交下列材料，经国务院商务主管部门或者其委托的省、自治区、直辖市人民政府商务主管部门审批，取得进口或者出口许可证后，方可从事进口、出口活动：

（一）对外贸易经营者备案登记证明复印件；

（二）营业执照副本；

（三）易制毒化学品生产、经营、购买许可证或者备案证明；

（四）进口或者出口合同（协议）副本；

（五）经办人的身份证明。

申请易制毒化学品出口许可的，还应当提交进口方政府主管部门出具的合法使用易制毒化学品的证明或者进口方合法使用的保证文件。

第二十七条 受理易制毒化学品进口、出口申请的商务主管部门应当自收到申请材料之日起 20 日内,对申请材料进行审查,必要时可以进行实地核查。对符合规定的,发给进口或者出口许可证;不予许可的,应当书面说明理由。

对进口第一类中的药品类易制毒化学品的,有关的商务主管部门在作出许可决定前,应当征得国务院药品监督管理部门的同意。

第二十八条 麻黄素等属于重点监控物品范围的易制毒化学品,由国务院商务主管部门会同国务院有关部门核定的企业进口、出口。

第二十九条 国家对易制毒化学品的进口、出口实行国际核查制度。易制毒化学品国际核查目录及核查的具体办法,由国务院商务主管部门会同国务院公安部门规定、公布。

国际核查所用时间不计算在许可期限之内。

对向毒品制造、贩运情形严重的国家或者地区出口易制毒化学品以及本条例规定品种以外的化学品的,可以在国际核查措施以外实施其他管制措施,具体办法由国务院商务主管部门会同国务院公安部门、海关总署等有关部门规定、公布。

第三十条 进口、出口或者过境、转运、通运易制毒化学品的,应当如实向海关申报,并提交进口或者出口许可证。海关凭许可证办理通关手续。

易制毒化学品在境外与保税区、出口加工区等海关特殊监管区域、保税场所之间进出的,适用前款规定。

易制毒化学品在境内与保税区、出口加工区等海关特殊监管区域、保税场所之间进出的,或者在上述海关特殊监管区域、保税场所之间进出的,无须申请易制毒化学品进口或者出口许可证。

进口第一类中的药品类易制毒化学品,还应当提交药品监督管理部门出具的进口药品通关单。

第三十一条 进出境人员随身携带第一类中的药品类易制毒化学品药品制剂和高锰酸钾,应当以自用且数量合理为限,并接受海关监管。

进出境人员不得随身携带前款规定以外的易制毒化学品。

第六章 监督检查

第三十二条 县级以上人民政府公安机关、负责药品监督管理的部门、安全生产监督管理部门、商务主管部门、卫生主管部门、价格主管部门、铁路主管部门、交通主管部门、市场监督管理部门、生态环境主管部门和海关，应当依照本条例和有关法律、行政法规的规定，在各自的职责范围内，加强对易制毒化学品生产、经营、购买、运输、价格以及进口、出口的监督检查；对非法生产、经营、购买、运输易制毒化学品，或者走私易制毒化学品的行为，依法予以查处。

前款规定的行政主管部门在进行易制毒化学品监督检查时，可以依法查看现场、查阅和复制有关资料、记录有关情况、扣押相关的证据材料和违法物品；必要时，可以临时查封有关场所。

被检查的单位或者个人应当如实提供有关情况和材料、物品，不得拒绝或者隐匿。

第三十三条 对依法收缴、查获的易制毒化学品，应当在省、自治区、直辖市或者设区的市级人民政府公安机关、海关或者生态环境主管部门的监督下，区别易制毒化学品的不同情况进行保管、回收，或者依照环境保护法律、行政法规的有关规定，由有资质的单位在生态环境主管部门的监督下销毁。其中，对收缴、查获的第一类中的药品类易制毒化学品，一律销毁。

易制毒化学品违法单位或者个人无力提供保管、回收或者销毁费用的，保管、回收或者销毁的费用在回收所得中开支，或者在有关行政主管部门的禁毒经费中列支。

第三十四条 易制毒化学品丢失、被盗、被抢的，发案单位应当立即向当地公安机关报告，并同时报告当地的县级人民政府负责药品监督管理的部门、安全生产监督管理部门、商务主管部门或者卫生主管部门。接到报案的公安机关应当及时立案查处，并向上级公安机关报告;有关行政主管部门应当逐级上报并配合公安机关的查处。

第三十五条 有关行政主管部门应当将易制毒化学品许可以及依法吊销许可的情况通报有关公安机关和市场监督管理部门;市场监督管理部门应当将生产、经营易制毒化学品企业依法变更或者注销登记的情况通报有关公安机关和行政主管部门。

第三十六条 生产、经营、购买、运输或者进口、出口易制毒化学品的单位,应当于每年3月31日前向许可或者备案的行政主管部门和公安机关报告本单位上年度易制毒化学品的生产、经营、购买、运输或者进口、出口情况;有条件的生产、经营、购买、运输或者进口、出口单位,可以与有关行政主管部门建立计算机联网,及时通报有关经营情况。

第三十七条 县级以上人民政府有关行政主管部门应当加强协调合作,建立易制毒化学品管理情况、监督检查情况以及案件处理情况的通报、交流机制。

第七章 法律责任

第三十八条 违反本条例规定,未经许可或者备案擅自生产、经营、购买、运输易制毒化学品,伪造申请材料骗取易制毒化学品生产、经营、购买或者运输许可证,使用他人的或者伪造、变造、失效的许可证生产、经营、购买、运输易制毒化学品的,由公安机关没收非法生产、经营、购买或者运输的易制毒化学品、用于非法生产易制毒化学品的原料以及非法生产、经营、购买或者运输易制毒化学品的设备、工具,处非法生产、经营、购买或者运输的易制毒化学品货值10倍以上20倍以下的罚款,货值的20倍不足1万元的,按1万元罚款;有违法所得的,没收违法所得;有营业执照的,由市场监督管理部门吊销营业执照;构成犯罪的,依法追究刑事责任。

对有前款规定违法行为的单位或者个人,有关行政主管部门可以自作出行政处罚决定之日起3年内,停止受理其易制毒化学品生产、经营、购买、运输或者进口、出口许可申请。

第三十九条　违反本条例规定，走私易制毒化学品的，由海关没收走私的易制毒化学品；有违法所得的，没收违法所得，并依照海关法律、行政法规给予行政处罚；构成犯罪的，依法追究刑事责任。

第四十条　违反本条例规定，有下列行为之一的，由负有监督管理职责的行政主管部门给予警告，责令限期改正，处1万元以上5万元以下的罚款；对违反规定生产、经营、购买的易制毒化学品可以予以没收；逾期不改正的，责令限期停产停业整顿；逾期整顿不合格的，吊销相应的许可证：

（一）易制毒化学品生产、经营、购买、运输或者进口、出口单位未按规定建立安全管理制度的；

（二）将许可证或者备案证明转借他人使用的；

（三）超出许可的品种、数量生产、经营、购买易制毒化学品的；

（四）生产、经营、购买单位不记录或者不如实记录交易情况、不按规定保存交易记录或者不如实、不及时向公安机关和有关行政主管部门备案销售情况的；

（五）易制毒化学品丢失、被盗、被抢后未及时报告，造成严重后果的；

（六）除个人合法购买第一类中的药品类易制毒化学品药品制剂以及第三类易制毒化学品外，使用现金或者实物进行易制毒化学品交易的；

（七）易制毒化学品的产品包装和使用说明书不符合本条例规定要求的；

（八）生产、经营易制毒化学品的单位不如实或者不按时向有关行政主管部门和公安机关报告年度生产、经销和库存等情况的。

企业的易制毒化学品生产经营许可被依法吊销后，未及时到市场监督管理部门办理经营范围变更或者企业注销登记的，依照前款规定，对易制毒化学品予以没收，并处罚款。

第四十一条　运输的易制毒化学品与易制毒化学品运输许可证

或者备案证明载明的品种、数量、运入地、货主及收货人、承运人等情况不符，运输许可证种类不当，或者运输人员未全程携带运输许可证或者备案证明的，由公安机关责令停运整改，处5000元以上5万元以下的罚款；有危险物品运输资质的，运输主管部门可以依法吊销其运输资质。

个人携带易制毒化学品不符合品种、数量规定的，没收易制毒化学品，处1000元以上5000元以下的罚款。

第四十二条 生产、经营、购买、运输或者进口、出口易制毒化学品的单位或者个人拒不接受有关行政主管部门监督检查的，由负有监督管理职责的行政主管部门责令改正，对直接负责的主管人员以及其他直接责任人员给予警告；情节严重的，对单位处1万元以上5万元以下的罚款，对直接负责的主管人员以及其他直接责任人员处1000元以上5000元以下的罚款；有违反治安管理行为的，依法给予治安管理处罚；构成犯罪的，依法追究刑事责任。

第四十三条 易制毒化学品行政主管部门工作人员在管理工作中有应当许可而不许可、不应当许可而滥许可，不依法受理备案，以及其他滥用职权、玩忽职守、徇私舞弊行为的，依法给予行政处分；构成犯罪的，依法追究刑事责任。

第八章 附 则

第四十四条 易制毒化学品生产、经营、购买、运输和进口、出口许可证，由国务院有关行政主管部门根据各自的职责规定式样并监制。

第四十五条 本条例自2005年11月1日起施行。

本条例施行前已经从事易制毒化学品生产、经营、购买、运输或者进口、出口业务的，应当自本条例施行之日起6个月内，依照本条例的规定重新申请许可。

附表

易制毒化学品的分类和品种目录

第一类

1. 1—苯基—2—丙酮
2. 3,4—亚甲基二氧苯基—2—丙酮
3. 胡椒醛
4. 黄樟素
5. 黄樟油
6. 异黄樟素
7. N—乙酰邻氨基苯酸
8. 邻氨基苯甲酸
9. 麦角酸*
10. 麦角胺*
11. 麦角新碱*
12. 麻黄素、伪麻黄素、消旋麻黄素、去甲麻黄素、甲基麻黄素、麻黄浸膏、麻黄浸膏粉等麻黄素类物质*

第二类

1. 苯乙酸
2. 醋酸酐
3. 三氯甲烷
4. 乙醚
5. 哌啶

第三类

1. 甲苯
2. 丙酮
3. 甲基乙基酮
4. 高锰酸钾

5. 硫酸

6. 盐酸

一、第一类、第二类所列物质可能存在的盐类,也纳入管制。

二、带有 * 标记的品种为第一类中的药品类易制毒化学品,第一类中的药品类易制毒化学品包括原料药及其单方制剂。

麻醉药品和精神药品管理条例

(2005 年 7 月 26 日国务院第 100 次常务会议通过 2005 年 8 月 3 日国务院令第 442 号公布 根据 2013 年 12 月 7 日国务院令第 645 号《关于修改部分行政法规的决定》第一次修订 根据 2016 年 2 月 6 日国务院令第 666 号《关于修改部分行政法规的决定》第二次修订)

第一章 总 则

第一条 为加强麻醉药品和精神药品的管理,保证麻醉药品和精神药品的合法、安全、合理使用,防止流入非法渠道,根据药品管理法和其他有关法律的规定,制定本条例。

第二条 麻醉药品药用原植物的种植,麻醉药品和精神药品的实验研究、生产、经营、使用、储存、运输等活动以及监督管理,适用本条例。

麻醉药品和精神药品的进出口依照有关法律的规定办理。

第三条 本条例所称麻醉药品和精神药品,是指列入麻醉药品目录、精神药品目录(以下称目录)的药品和其他物质。精神药品分为第一类精神药品和第二类精神药品。

目录由国务院药品监督管理部门会同国务院公安部门、国务院卫生主管部门制定、调整并公布。

上市销售但尚未列入目录的药品和其他物质或者第二类精神药品发生滥用,已经造成或者可能造成严重社会危害的,国务院药品监督管理部门会同国务院公安部门、国务院卫生主管部门应当及时将该药品和该物质列入目录或者将该第二类精神药品调整为第一类精神药品。

第四条 国家对麻醉药品药用原植物以及麻醉药品和精神药品实行管制。除本条例另有规定的外,任何单位、个人不得进行麻醉药品药用原植物的种植以及麻醉药品和精神药品的实验研究、生产、经营、使用、储存、运输等活动。

第五条 国务院药品监督管理部门负责全国麻醉药品和精神药品的监督管理工作,并会同国务院农业主管部门对麻醉药品药用原植物实施监督管理。国务院公安部门负责对造成麻醉药品药用原植物、麻醉药品和精神药品流入非法渠道的行为进行查处。国务院其他有关主管部门在各自的职责范围内负责与麻醉药品和精神药品有关的管理工作。

省、自治区、直辖市人民政府药品监督管理部门负责本行政区域内麻醉药品和精神药品的监督管理工作。县级以上地方公安机关负责对本行政区域内造成麻醉药品和精神药品流入非法渠道的行为进行查处。县级以上地方人民政府其他有关主管部门在各自的职责范围内负责与麻醉药品和精神药品有关的管理工作。

第六条 麻醉药品和精神药品生产、经营企业和使用单位可以依法参加行业协会。行业协会应当加强行业自律管理。

第二章 种植、实验研究和生产

第七条 国家根据麻醉药品和精神药品的医疗、国家储备和企业生产所需原料的需要确定需求总量,对麻醉药品药用原植物的种植、麻醉药品和精神药品的生产实行总量控制。

国务院药品监督管理部门根据麻醉药品和精神药品的需求总量制定年度生产计划。

国务院药品监督管理部门和国务院农业主管部门根据麻醉药品年度生产计划,制定麻醉药品药用原植物年度种植计划。

第八条 麻醉药品药用原植物种植企业应当根据年度种植计划,种植麻醉药品药用原植物。

麻醉药品药用原植物种植企业应当向国务院药品监督管理部门和国务院农业主管部门定期报告种植情况。

第九条 麻醉药品药用原植物种植企业由国务院药品监督管理部门和国务院农业主管部门共同确定,其他单位和个人不得种植麻醉药品药用原植物。

第十条 开展麻醉药品和精神药品实验研究活动应当具备下列条件,并经国务院药品监督管理部门批准:

(一)以医疗、科学研究或者教学为目的;

(二)有保证实验所需麻醉药品和精神药品安全的措施和管理制度;

(三)单位及其工作人员 2 年内没有违反有关禁毒的法律、行政法规规定的行为。

第十一条 麻醉药品和精神药品的实验研究单位申请相关药品批准证明文件,应当依照药品管理法的规定办理;需要转让研究成果的,应当经国务院药品监督管理部门批准。

第十二条 药品研究单位在普通药品的实验研究过程中,产生本条例规定的管制品种的,应当立即停止实验研究活动,并向国务院药品监督管理部门报告。国务院药品监督管理部门应当根据情况,及时作出是否同意其继续实验研究的决定。

第十三条 麻醉药品和第一类精神药品的临床试验,不得以健康人为受试对象。

第十四条 国家对麻醉药品和精神药品实行定点生产制度。

国务院药品监督管理部门应当根据麻醉药品和精神药品的需求总量,确定麻醉药品和精神药品定点生产企业的数量和布局,并根据年度需求总量对数量和布局进行调整、公布。

第十五条 麻醉药品和精神药品的定点生产企业应当具备下列条件:

(一)有药品生产许可证;

(二)有麻醉药品和精神药品实验研究批准文件;

(三)有符合规定的麻醉药品和精神药品生产设施、储存条件和相应的安全管理设施;

(四)有通过网络实施企业安全生产管理和向药品监督管理部门报告生产信息的能力;

(五)有保证麻醉药品和精神药品安全生产的管理制度;

(六)有与麻醉药品和精神药品安全生产要求相适应的管理水平和经营规模;

(七)麻醉药品和精神药品生产管理、质量管理部门的人员应当熟悉麻醉药品和精神药品管理以及有关禁毒的法律、行政法规;

(八)没有生产、销售假药、劣药或者违反有关禁毒的法律、行政法规规定的行为;

(九)符合国务院药品监督管理部门公布的麻醉药品和精神药品定点生产企业数量和布局的要求。

第十六条 从事麻醉药品、精神药品生产的企业,应当经所在地省、自治区、直辖市人民政府药品监督管理部门批准。

第十七条 定点生产企业生产麻醉药品和精神药品,应当依照药品管理法的规定取得药品批准文号。

国务院药品监督管理部门应当组织医学、药学、社会学、伦理学和禁毒等方面的专家成立专家组,由专家组对申请首次上市的麻醉药品和精神药品的社会危害性和被滥用的可能性进行评价,并提出是否批准的建议。

未取得药品批准文号的,不得生产麻醉药品和精神药品。

第十八条　发生重大突发事件,定点生产企业无法正常生产或者不能保证供应麻醉药品和精神药品时,国务院药品监督管理部门可以决定其他药品生产企业生产麻醉药品和精神药品。

重大突发事件结束后,国务院药品监督管理部门应当及时决定前款规定的企业停止麻醉药品和精神药品的生产。

第十九条　定点生产企业应当严格按照麻醉药品和精神药品年度生产计划安排生产,并依照规定向所在地省、自治区、直辖市人民政府药品监督管理部门报告生产情况。

第二十条　定点生产企业应当依照本条例的规定,将麻醉药品和精神药品销售给具有麻醉药品和精神药品经营资格的企业或者依照本条例规定批准的其他单位。

第二十一条　麻醉药品和精神药品的标签应当印有国务院药品监督管理部门规定的标志。

第三章　经　　营

第二十二条　国家对麻醉药品和精神药品实行定点经营制度。

国务院药品监督管理部门应当根据麻醉药品和第一类精神药品的需求总量,确定麻醉药品和第一类精神药品的定点批发企业布局,并应当根据年度需求总量对布局进行调整、公布。

药品经营企业不得经营麻醉药品原料药和第一类精神药品原料药。但是,供医疗、科学研究、教学使用的小包装的上述药品可以由国务院药品监督管理部门规定的药品批发企业经营。

第二十三条　麻醉药品和精神药品定点批发企业除应当具备药品管理法第十五条规定的药品经营企业的开办条件外,还应当具备下列条件:

(一)有符合本条例规定的麻醉药品和精神药品储存条件;

(二)有通过网络实施企业安全管理和向药品监督管理部门报告

经营信息的能力；

（三）单位及其工作人员2年内没有违反有关禁毒的法律、行政法规规定的行为；

（四）符合国务院药品监督管理部门公布的定点批发企业布局。

麻醉药品和第一类精神药品的定点批发企业，还应当具有保证供应责任区域内医疗机构所需麻醉药品和第一类精神药品的能力，并具有保证麻醉药品和第一类精神药品安全经营的管理制度。

第二十四条 跨省、自治区、直辖市从事麻醉药品和第一类精神药品批发业务的企业（以下称全国性批发企业），应当经国务院药品监督管理部门批准；在本省、自治区、直辖市行政区域内从事麻醉药品和第一类精神药品批发业务的企业（以下称区域性批发企业），应当经所在地省、自治区、直辖市人民政府药品监督管理部门批准。

专门从事第二类精神药品批发业务的企业，应当经所在地省、自治区、直辖市人民政府药品监督管理部门批准。

全国性批发企业和区域性批发企业可以从事第二类精神药品批发业务。

第二十五条 全国性批发企业可以向区域性批发企业，或者经批准可以向取得麻醉药品和第一类精神药品使用资格的医疗机构以及依照本条例规定批准的其他单位销售麻醉药品和第一类精神药品。

全国性批发企业向取得麻醉药品和第一类精神药品使用资格的医疗机构销售麻醉药品和第一类精神药品，应当经医疗机构所在地省、自治区、直辖市人民政府药品监督管理部门批准。

国务院药品监督管理部门在批准全国性批发企业时，应当明确其所承担供药责任的区域。

第二十六条 区域性批发企业可以向本省、自治区、直辖市行政区域内取得麻醉药品和第一类精神药品使用资格的医疗机构销售麻醉药品和第一类精神药品；由于特殊地理位置的原因，需要就近向其他省、自治区、直辖市行政区域内取得麻醉药品和第一类精神药品使用资格的医疗机构销售的，应当经企业所在地省、自治区、直辖市人民政府药品监督管理部门批准。审批情况由负责审批的药品监督管理部门在批准后5日内通报医疗机构所在地省、自治区、直辖市人民政府药品监督管理部门。

省、自治区、直辖市人民政府药品监督管理部门在批准区域性批发企业时，应当明确其所承担供药责任的区域。

区域性批发企业之间因医疗急需、运输困难等特殊情况需要调剂麻醉药品和第一类精神药品的，应当在调剂后2日内将调剂情况分别报所在地省、自治区、直辖市人民政府药品监督管理部门备案。

第二十七条 全国性批发企业应当从定点生产企业购进麻醉药品和第一类精神药品。

区域性批发企业可以从全国性批发企业购进麻醉药品和第一类精神药品；经所在地省、自治区、直辖市人民政府药品监督管理部门批准，也可以从定点生产企业购进麻醉药品和第一类精神药品。

第二十八条 全国性批发企业和区域性批发企业向医疗机构销售麻醉药品和第一类精神药品，应当将药品送至医疗机构。医疗机构不得自行提货。

第二十九条 第二类精神药品定点批发企业可以向医疗机构、定点批发企业和符合本条例第三十一条规定的药品零售企业以及依照本条例规定批准的其他单位销售第二类精神药品。

第三十条 麻醉药品和第一类精神药品不得零售。

禁止使用现金进行麻醉药品和精神药品交易，但是个人合法购买麻醉药品和精神药品的除外。

第三十一条 经所在地设区的市级药品监督管理部门批准，实行统一进货、统一配送、统一管理的药品零售连锁企业可以从事第二类精神药品零售业务。

第三十二条 第二类精神药品零售企业应当凭执业医师出具的处方，按规定剂量销售第二类精神药品，并将处方保存2年备查；禁止超剂量或者无处方销售第二类精神药品;不得向未成年人销售第二类精神药品。

第三十三条 麻醉药品和精神药品实行政府定价,在制定出厂和批发价格的基础上,逐步实行全国统一零售价格。具体办法由国务院价格主管部门制定。

第四章 使 用

第三十四条 药品生产企业需要以麻醉药品和第一类精神药品为原料生产普通药品的,应当向所在地省、自治区、直辖市人民政府药品监督管理部门报送年度需求计划,由省、自治区、直辖市人民政府药品监督管理部门汇总报国务院药品监督管理部门批准后,向定点生产企业购买。

药品生产企业需要以第二类精神药品为原料生产普通药品的,应当将年度需求计划报所在地省、自治区、直辖市人民政府药品监督管理部门,并向定点批发企业或者定点生产企业购买。

第三十五条 食品、食品添加剂、化妆品、油漆等非药品生产企业需要使用咖啡因作为原料的,应当经所在地省、自治区、直辖市人民政府药品监督管理部门批准,向定点批发企业或者定点生产企业购买。

科学研究、教学单位需要使用麻醉药品和精神药品开展实验、教学活动的,应当经所在地省、自治区、直辖市人民政府药品监督管理部门批准,向定点批发企业或者定点生产企业购买。

需要使用麻醉药品和精神药品的标准品、对照品的,应当经所在地省、自治区、直辖市人民政府药品监督管理部门批准,向国务院药品监督管理部门批准的单位购买。

第三十六条 医疗机构需要使用麻醉药品和第一类精神药品的,应当经所在地设区的市级人民政府卫生主管部门批准,取得麻醉药品、第一类精神药品购用印鉴卡(以下称印鉴卡)。医疗机构应当凭印鉴卡向本省、自治区、直辖市行政区域内的定点批发企业购买麻醉药品和第一类精神药品。

设区的市级人民政府卫生主管部门发给医疗机构印鉴卡时，应当将取得印鉴卡的医疗机构情况抄送所在地设区的市级药品监督管理部门，并报省、自治区、直辖市人民政府卫生主管部门备案。省、自治区、直辖市人民政府卫生主管部门应当将取得印鉴卡的医疗机构名单向本行政区域内的定点批发企业通报。

第三十七条　医疗机构取得印鉴卡应当具备下列条件：

（一）有专职的麻醉药品和第一类精神药品管理人员；

（二）有获得麻醉药品和第一类精神药品处方资格的执业医师；

（三）有保证麻醉药品和第一类精神药品安全储存的设施和管理制度。

第三十八条　医疗机构应当按照国务院卫生主管部门的规定，对本单位执业医师进行有关麻醉药品和精神药品使用知识的培训、考核，经考核合格的，授予麻醉药品和第一类精神药品处方资格。执业医师取得麻醉药品和第一类精神药品的处方资格后，方可在本医疗机构开具麻醉药品和第一类精神药品处方，但不得为自己开具该种处方。

医疗机构应当将具有麻醉药品和第一类精神药品处方资格的执业医师名单及其变更情况，定期报送所在地设区的市级人民政府卫生主管部门，并抄送同级药品监督管理部门。

医务人员应当根据国务院卫生主管部门制定的临床应用指导原则，使用麻醉药品和精神药品。

第三十九条　具有麻醉药品和第一类精神药品处方资格的执业医师，根据临床应用指导原则，对确需使用麻醉药品或者第一类精神药品的患者，应当满足其合理用药需求。在医疗机构就诊的癌症疼痛患者和其他危重患者得不到麻醉药品或者第一类精神药品时，患者或者其亲属可以向执业医师提出申请。具有麻醉药品和第一类精神药品处方资格的执业医师认为要求合理的，应当及时为患者提供所需麻醉药品或者第一类精神药品。

第四十条 执业医师应当使用专用处方开具麻醉药品和精神药品,单张处方的最大用量应当符合国务院卫生主管部门的规定。

对麻醉药品和第一类精神药品处方,处方的调配人、核对人应当仔细核对,签署姓名,并予以登记;对不符合本条例规定的,处方的调配人、核对人应当拒绝发药。

麻醉药品和精神药品专用处方的格式由国务院卫生主管部门规定。

第四十一条 医疗机构应当对麻醉药品和精神药品处方进行专册登记,加强管理。麻醉药品处方至少保存3年,精神药品处方至少保存2年。

第四十二条 医疗机构抢救病人急需麻醉药品和第一类精神药品而本医疗机构无法提供时,可以从其他医疗机构或者定点批发企业紧急借用;抢救工作结束后,应当及时将借用情况报所在地设区的市级药品监督管理部门和卫生主管部门备案。

第四十三条 对临床需要而市场无供应的麻醉药品和精神药品,持有医疗机构制剂许可证和印鉴卡的医疗机构需要配制制剂的,应当经所在地省、自治区、直辖市人民政府药品监督管理部门批准。医疗机构配制的麻醉药品和精神药品制剂只能在本医疗机构使用,不得对外销售。

第四十四条 因治疗疾病需要,个人凭医疗机构出具的医疗诊断书、本人身份证明,可以携带单张处方最大用量以内的麻醉药品和第一类精神药品;携带麻醉药品和第一类精神药品出入境的,由海关根据自用、合理的原则放行。

医务人员为了医疗需要携带少量麻醉药品和精神药品出入境的,应当持有省级以上人民政府药品监督管理部门发放的携带麻醉药品和精神药品证明。海关凭携带麻醉药品和精神药品证明放行。

第四十五条 医疗机构、戒毒机构以开展戒毒治疗为目的,可以使用美沙酮或者国家确定的其他用于戒毒治疗的麻醉药品和精神药品。具体管理办法由国务院药品监督管理部门、国务院公安部门和国务院卫生主管部门制定。

第五章　储　　存

第四十六条　麻醉药品药用原植物种植企业、定点生产企业、全国性批发企业和区域性批发企业以及国家设立的麻醉药品储存单位，应当设置储存麻醉药品和第一类精神药品的专库。该专库应当符合下列要求：

（一）安装专用防盗门，实行双人双锁管理；

（二）具有相应的防火设施；

（三）具有监控设施和报警装置，报警装置应当与公安机关报警系统联网。

全国性批发企业经国务院药品监督管理部门批准设立的药品储存点应当符合前款的规定。

麻醉药品定点生产企业应当将麻醉药品原料药和制剂分别存放。

第四十七条　麻醉药品和第一类精神药品的使用单位应当设立专库或者专柜储存麻醉药品和第一类精神药品。专库应当设有防盗设施并安装报警装置；专柜应当使用保险柜。专库和专柜应当实行双人双锁管理。

第四十八条　麻醉药品药用原植物种植企业、定点生产企业、全国性批发企业和区域性批发企业、国家设立的麻醉药品储存单位以及麻醉药品和第一类精神药品的使用单位，应当配备专人负责管理工作，并建立储存麻醉药品和第一类精神药品的专用账册。药品入库双人验收，出库双人复核，做到账物相符。专用账册的保存期限应当自药品有效期期满之日起不少于5年。

第四十九条　第二类精神药品经营企业应当在药品库房中设立独立的专库或者专柜储存第二类精神药品，并建立专用账册，实行专人管理。专用账册的保存期限应当自药品有效期期满之日起不少于5年。

第六章 运 输

第五十条 托运、承运和自行运输麻醉药品和精神药品的,应当采取安全保障措施,防止麻醉药品和精神药品在运输过程中被盗、被抢、丢失。

第五十一条 通过铁路运输麻醉药品和第一类精神药品的,应当使用集装箱或者铁路行李车运输,具体办法由国务院药品监督管理部门会同国务院铁路主管部门制定。

没有铁路需要通过公路或者水路运输麻醉药品和第一类精神药品的,应当由专人负责押运。

第五十二条 托运或者自行运输麻醉药品和第一类精神药品的单位,应当向所在地设区的市级药品监督管理部门申请领取运输证明。运输证明有效期为1年。

运输证明应当由专人保管,不得涂改、转让、转借。

第五十三条 托运人办理麻醉药品和第一类精神药品运输手续,应当将运输证明副本交付承运人。承运人应当查验、收存运输证明副本,并检查货物包装。没有运输证明或者货物包装不符合规定的,承运人不得承运。

承运人在运输过程中应当携带运输证明副本,以备查验。

第五十四条 邮寄麻醉药品和精神药品,寄件人应当提交所在地设区的市级药品监督管理部门出具的准予邮寄证明。邮政营业机构应当查验、收存准予邮寄证明;没有准予邮寄证明的,邮政营业机构不得收寄。

省、自治区、直辖市邮政主管部门指定符合安全保障条件的邮政营业机构负责收寄麻醉药品和精神药品。邮政营业机构收寄麻醉药品和精神药品,应当依法对收寄的麻醉药品和精神药品予以查验。

邮寄麻醉药品和精神药品的具体管理办法，由国务院药品监督管理部门会同国务院邮政主管部门制定。

第五十五条 定点生产企业、全国性批发企业和区域性批发企业之间运输麻醉药品、第一类精神药品，发货人在发货前应当向所在地省、自治区、直辖市人民政府药品监督管理部门报送本次运输的相关信息。属于跨省、自治区、直辖市运输的，收到信息的药品监督管理部门应当向收货人所在地的同级药品监督管理部门通报；属于在本省、自治区、直辖市行政区域内运输的，收到信息的药品监督管理部门应当向收货人所在地设区的市级药品监督管理部门通报。

第七章 审批程序和监督管理

第五十六条 申请人提出本条例规定的审批事项申请，应当提交能够证明其符合本条例规定条件的相关资料。审批部门应当自收到申请之日起40日内作出是否批准的决定；作出批准决定的，发给许可证明文件或者在相关许可证明文件上加注许可事项；作出不予批准决定的，应当书面说明理由。

确定定点生产企业和定点批发企业，审批部门应当在经审查符合条件的企业中，根据布局的要求，通过公平竞争的方式初步确定定点生产企业和定点批发企业，并予公布。其他符合条件的企业可以自公布之日起10日内向审批部门提出异议。审批部门应当自收到异议之日起20日内对异议进行审查，并作出是否调整的决定。

第五十七条 药品监督管理部门应当根据规定的职责权限，对麻醉药品药用原植物的种植以及麻醉药品和精神药品的实验研究、生产、经营、使用、储存、运输活动进行监督检查。

第五十八条 省级以上人民政府药品监督管理部门根据实际情况建立监控信息网络，对定点生产企业、定点批发企业和使用单位的麻醉药品和精神药品生产、进货、销售、库存、使用的数量以及流向实行实时监控，并与同级公安机关做到信息共享。

第五十九条 尚未连接监控信息网络的麻醉药品和精神药品定点生产企业、定点批发企业和使用单位,应当每月通过电子信息、传真、书面等方式,将本单位麻醉药品和精神药品生产、进货、销售、库存、使用的数量以及流向,报所在地设区的市级药品监督管理部门和公安机关;医疗机构还应当报所在地设区的市级人民政府卫生主管部门。

设区的市级药品监督管理部门应当每3个月向上一级药品监督管理部门报告本地区麻醉药品和精神药品的相关情况。

第六十条 对已经发生滥用,造成严重社会危害的麻醉药品和精神药品品种,国务院药品监督管理部门应当采取在一定期限内中止生产、经营、使用或者限定其使用范围和用途等措施。对不再作为药品使用的麻醉药品和精神药品,国务院药品监督管理部门应当撤销其药品批准文号和药品标准,并予以公布。

药品监督管理部门、卫生主管部门发现生产、经营企业和使用单位的麻醉药品和精神药品管理存在安全隐患时,应当责令其立即排除或者限期排除;对有证据证明可能流入非法渠道的,应当及时采取查封、扣押的行政强制措施,在7日内作出行政处理决定,并通报同级公安机关。

药品监督管理部门发现取得印鉴卡的医疗机构未依照规定购买麻醉药品和第一类精神药品时,应当及时通报同级卫生主管部门。接到通报的卫生主管部门应当立即调查处理。必要时,药品监督管理部门可以责令定点批发企业中止向该医疗机构销售麻醉药品和第一类精神药品。

第六十一条 麻醉药品和精神药品的生产、经营企业和使用单位对过期、损坏的麻醉药品和精神药品应当登记造册,并向所在地县级药品监督管理部门申请销毁。药品监督管理部门应当自接到申请之日起5日内到场监督销毁。医疗机构对存放在本单位的过期、损坏麻醉药品和精神药品,应当按照本条规定的程序向卫生主管部门提出申请,由卫生主管部门负责监督销毁。

对依法收缴的麻醉药品和精神药品,除经国务院药品监督管理部门或者国务院公安部门批准用于科学研究外,应当依照国家有关规定予以销毁。

第六十二条　县级以上人民政府卫生主管部门应当对执业医师开具麻醉药品和精神药品处方的情况进行监督检查。

第六十三条　药品监督管理部门、卫生主管部门和公安机关应当互相通报麻醉药品和精神药品生产、经营企业和使用单位的名单以及其他管理信息。

各级药品监督管理部门应当将在麻醉药品药用原植物的种植以及麻醉药品和精神药品的实验研究、生产、经营、使用、储存、运输等各环节的管理中的审批、撤销等事项通报同级公安机关。

麻醉药品和精神药品的经营企业、使用单位报送各级药品监督管理部门的备案事项,应当同时报送同级公安机关。

第六十四条　发生麻醉药品和精神药品被盗、被抢、丢失或者其他流入非法渠道的情形的,案发单位应当立即采取必要的控制措施,同时报告所在地县级公安机关和药品监督管理部门。医疗机构发生上述情形的,还应当报告其主管部门。

公安机关接到报告、举报,或者有证据证明麻醉药品和精神药品可能流入非法渠道时,应当及时开展调查,并可以对相关单位采取必要的控制措施。

药品监督管理部门、卫生主管部门以及其他有关部门应当配合公安机关开展工作。

第八章　法律责任

第六十五条　药品监督管理部门、卫生主管部门违反本条例的规定,有下列情形之一的,由其上级行政机关或者监察机关责令改正;情节严重的,对直接负责的主管人员和其他直接责任人员依法给予行政处分;构成犯罪的,依法追究刑事责任:

(一)对不符合条件的申请人准予行政许可或者超越法定职权作

出准予行政许可决定的；

（二）未到场监督销毁过期、损坏的麻醉药品和精神药品的；

（三）未依法履行监督检查职责，应当发现而未发现违法行为、发现违法行为不及时查处，或者未依照本条例规定的程序实施监督检查的；

（四）违反本条例规定的其他失职、渎职行为。

第六十六条　麻醉药品药用原植物种植企业违反本条例的规定，有下列情形之一的，由药品监督管理部门责令限期改正，给予警告；逾期不改正的，处5万元以上10万元以下的罚款；情节严重的，取消其种植资格：

（一）未依照麻醉药品药用原植物年度种植计划进行种植的；

（二）未依照规定报告种植情况的；

（三）未依照规定储存麻醉药品的。

第六十七条　定点生产企业违反本条例的规定，有下列情形之一的，由药品监督管理部门责令限期改正，给予警告，并没收违法所得和违法销售的药品；逾期不改正的，责令停产，并处5万元以上10万元以下的罚款；情节严重的，取消其定点生产资格：

（一）未按照麻醉药品和精神药品年度生产计划安排生产的；

（二）未依照规定向药品监督管理部门报告生产情况的；

（三）未依照规定储存麻醉药品和精神药品，或者未依照规定建立、保存专用账册的；

（四）未依照规定销售麻醉药品和精神药品的；

（五）未依照规定销毁麻醉药品和精神药品的。

第六十八条　定点批发企业违反本条例的规定销售麻醉药品和精神药品，或者违反本条例的规定经营麻醉药品原料药和第一类精神药品原料药的，由药品监督管理部门责令限期改正，给予警告，并没收违法所得和违法销售的药品；逾期不改正的，责令停业，并处违法销售药品货值金额2倍以上5倍以下的罚款；情节严重的，取消其定点批发资格。

第六十九条 定点批发企业违反本条例的规定,有下列情形之一的,由药品监督管理部门责令限期改正,给予警告;逾期不改正的,责令停业,并处2万元以上5万元以下的罚款;情节严重的,取消其定点批发资格:

(一)未依照规定购进麻醉药品和第一类精神药品的;

(二)未保证供药责任区域内的麻醉药品和第一类精神药品的供应的;

(三)未对医疗机构履行送货义务的;

(四)未依照规定报告麻醉药品和精神药品的进货、销售、库存数量以及流向的;

(五)未依照规定储存麻醉药品和精神药品,或者未依照规定建立、保存专用账册的;

(六)未依照规定销毁麻醉药品和精神药品的;

(七)区域性批发企业之间违反本条例的规定调剂麻醉药品和第一类精神药品,或者因特殊情况调剂麻醉药品和第一类精神药品后未依照规定备案的。

第七十条 第二类精神药品零售企业违反本条例的规定储存、销售或者销毁第二类精神药品的,由药品监督管理部门责令限期改正,给予警告,并没收违法所得和违法销售的药品;逾期不改正的,责令停业,并处5000元以上2万元以下的罚款;情节严重的,取消其第二类精神药品零售资格。

第七十一条 本条例第三十四条、第三十五条规定的单位违反本条例的规定,购买麻醉药品和精神药品的,由药品监督管理部门没收违法购买的麻醉药品和精神药品,责令限期改正,给予警告;逾期不改正的,责令停产或者停止相关活动,并处2万元以上5万元以下的罚款。

第七十二条 取得印鉴卡的医疗机构违反本条例的规定,有下列情形之一的,由设区的市级人民政府卫生主管部门责令限期改正,给予警告;逾期不改正的,处5000元以上1万元以下的罚款;情节严

重的,吊销其印鉴卡;对直接负责的主管人员和其他直接责任人员,依法给予降级、撤职、开除的处分:

(一)未依照规定购买、储存麻醉药品和第一类精神药品的;

(二)未依照规定保存麻醉药品和精神药品专用处方,或者未依照规定进行处方专册登记的;

(三)未依照规定报告麻醉药品和精神药品的进货、库存、使用数量的;

(四)紧急借用麻醉药品和第一类精神药品后未备案的;

(五)未依照规定销毁麻醉药品和精神药品的。

第七十三条 具有麻醉药品和第一类精神药品处方资格的执业医师,违反本条例的规定开具麻醉药品和第一类精神药品处方,或者未按照临床应用指导原则的要求使用麻醉药品和第一类精神药品的,由其所在医疗机构取消其麻醉药品和第一类精神药品处方资格;造成严重后果的,由原发证部门吊销其执业证书。执业医师未按照临床应用指导原则的要求使用第二类精神药品或者未使用专用处方开具第二类精神药品,造成严重后果的,由原发证部门吊销其执业证书。

未取得麻醉药品和第一类精神药品处方资格的执业医师擅自开具麻醉药品和第一类精神药品处方,由县级以上人民政府卫生主管部门给予警告,暂停其执业活动;造成严重后果的,吊销其执业证书;构成犯罪的,依法追究刑事责任。

处方的调配人、核对人违反本条例的规定未对麻醉药品和第一类精神药品处方进行核对,造成严重后果的,由原发证部门吊销其执业证书。

第七十四条 违反本条例的规定运输麻醉药品和精神药品的,由药品监督管理部门和运输管理部门依照各自职责,责令改正,给予警告,处 2 万元以上 5 万元以下的罚款。

收寄麻醉药品、精神药品的邮政营业机构未依照本条例的规定办理邮寄手续的,由邮政主管部门责令改正,给予警告;造成麻醉药品、精神药品邮件丢失的，依照邮政法律、行政法规的规定处理。

第七十五条　提供虚假材料、隐瞒有关情况，或者采取其他欺骗手段取得麻醉药品和精神药品的实验研究、生产、经营、使用资格的，由原审批部门撤销其已取得的资格，5 年内不得提出有关麻醉药品和精神药品的申请；情节严重的，处 1 万元以上 3 万元以下的罚款，有药品生产许可证、药品经营许可证、医疗机构执业许可证的，依法吊销其许可证明文件。

第七十六条　药品研究单位在普通药品的实验研究和研制过程中，产生本条例规定管制的麻醉药品和精神药品，未依照本条例的规定报告的，由药品监督管理部门责令改正，给予警告，没收违法药品；拒不改正的，责令停止实验研究和研制活动。

第七十七条　药物临床试验机构以健康人为麻醉药品和第一类精神药品临床试验的受试对象的，由药品监督管理部门责令停止违法行为，给予警告；情节严重的，取消其药物临床试验机构的资格；构成犯罪的，依法追究刑事责任。对受试对象造成损害的，药物临床试验机构依法承担治疗和赔偿责任。

第七十八条　定点生产企业、定点批发企业和第二类精神药品零售企业生产、销售假劣麻醉药品和精神药品的，由药品监督管理部门取消其定点生产资格、定点批发资格或者第二类精神药品零售资格，并依照药品管理法的有关规定予以处罚。

第七十九条　定点生产企业、定点批发企业和其他单位使用现金进行麻醉药品和精神药品交易的，由药品监督管理部门责令改正，给予警告，没收违法交易的药品，并处 5 万元以上 10 万元以下的罚款。

第八十条　发生麻醉药品和精神药品被盗、被抢、丢失案件的单位，违反本条例的规定未采取必要的控制措施或者未依照本条例的规定报告的，由药品监督管理部门和卫生主管部门依照各自职责，责令改正，给予警告；情节严重的，处 5000 元以上 1 万元以下的罚款；有上级主管部门的，由其上级主管部门对直接负责的主管人员和其他直接责任人员,依法给予降级、撤职的处分。

第八十一条 依法取得麻醉药品药用原植物种植或者麻醉药品和精神药品实验研究、生产、经营、使用、运输等资格的单位,倒卖、转让、出租、出借、涂改其麻醉药品和精神药品许可证明文件的,由原审批部门吊销相应许可证明文件,没收违法所得;情节严重的,处违法所得2倍以上5倍以下的罚款;没有违法所得的,处2万元以上5万元以下的罚款;构成犯罪的,依法追究刑事责任。

第八十二条 违反本条例的规定,致使麻醉药品和精神药品流入非法渠道造成危害,构成犯罪的,依法追究刑事责任;尚不构成犯罪的,由县级以上公安机关处5万元以上10万元以下的罚款;有违法所得的,没收违法所得;情节严重的,处违法所得2倍以上5倍以下的罚款;由原发证部门吊销其药品生产、经营和使用许可证明文件。

药品监督管理部门、卫生主管部门在监督管理工作中发现前款规定情形的,应当立即通报所在地同级公安机关,并依照国家有关规定,将案件以及相关材料移送公安机关。

第八十三条 本章规定由药品监督管理部门作出的行政处罚,由县级以上药品监督管理部门按照国务院药品监督管理部门规定的职责分工决定。

第九章 附 则

第八十四条 本条例所称实验研究是指以医疗、科学研究或者教学为目的的临床前药物研究。

经批准可以开展与计划生育有关的临床医疗服务的计划生育技术服务机构需要使用麻醉药品和精神药品的,依照本条例有关医疗机构使用麻醉药品和精神药品的规定执行。

第八十五条 麻醉药品目录中的罂粟壳只能用于中药饮片和中成药的生产以及医疗配方使用。具体管理办法由国务院药品监督管理部门另行制定。

第八十六条　生产含麻醉药品的复方制剂,需要购进、储存、使用麻醉药品原料药的,应当遵守本条例有关麻醉药品管理的规定。

第八十七条　军队医疗机构麻醉药品和精神药品的供应、使用,由国务院药品监督管理部门会同中国人民解放军总后勤部依据本条例制定具体管理办法。

第八十八条　对动物用麻醉药品和精神药品的管理,由国务院兽医主管部门会同国务院药品监督管理部门依据本条例制定具体管理办法。

第八十九条　本条例自2005年11月1日起施行。1987年11月28日国务院发布的《麻醉药品管理办法》和1988年12月27日国务院发布的《精神药品管理办法》同时废止。

娱乐场所管理条例(节录)

(2006年1月29日国务院令第458号公布　根据2016年2月6日国务院令第666号《关于修改部分行政法规的决定》第一次修订　根据2020年11月29日国务院令第732号《关于修改和废止部分行政法规的决定》第二次修订)

第五条　有下列情形之一的人员,不得开办娱乐场所或者在娱乐场所内从业:

(一)曾犯有组织、强迫、引诱、容留、介绍卖淫罪,制作、贩卖、传播淫秽物品罪,走私、贩卖、运输、制造毒品罪,强奸罪,强制猥亵、侮辱妇女罪,赌博罪,洗钱罪,组织、领导、参加黑社会性质组织罪的;

(二)因犯罪曾被剥夺政治权利的;

(三)因吸食、注射毒品曾被强制戒毒的;

(四)因卖淫、嫖娼曾被处以行政拘留的。

第十三条　国家倡导弘扬民族优秀文化,禁止娱乐场所内的娱乐活动含有下列内容:

(一)违反宪法确定的基本原则的;

(二)危害国家统一、主权或者领土完整的;

(三)危害国家安全,或者损害国家荣誉、利益的;

(四)煽动民族仇恨、民族歧视,伤害民族感情或者侵害民族风俗、习惯,破坏民族团结的;

(五)违反国家宗教政策,宣扬邪教、迷信的;

(六)宣扬淫秽、赌博、暴力以及与毒品有关的违法犯罪活动,或者教唆犯罪的;

(七)违背社会公德或者民族优秀文化传统的;

(八)侮辱、诽谤他人,侵害他人合法权益的;

(九)法律、行政法规禁止的其他内容。

第十四条　娱乐场所及其从业人员不得实施下列行为,不得为进入娱乐场所的人员实施下列行为提供条件:

(一)贩卖、提供毒品,或者组织、强迫、教唆、引诱、欺骗、容留他人吸食、注射毒品;

(二)组织、强迫、引诱、容留、介绍他人卖淫、嫖娼;

(三)制作、贩卖、传播淫秽物品;

(四)提供或者从事以营利为目的的陪侍;

(五)赌博;

(六)从事邪教、迷信活动;

(七)其他违法犯罪行为。

娱乐场所的从业人员不得吸食、注射毒品,不得卖淫、嫖娼;娱乐场所及其从业人员不得为进入娱乐场所的人员实施上述行为提供条件。

第十五条　歌舞娱乐场所应当按照国务院公安部门的规定在营

业场所的出入口、主要通道安装闭路电视监控设备，并应当保证闭路电视监控设备在营业期间正常运行，不得中断。

歌舞娱乐场所应当将闭路电视监控录像资料留存30日备查，不得删改或者挪作他用。

第十六条　歌舞娱乐场所的包厢、包间内不得设置隔断，并应当安装展现室内整体环境的透明门窗。包厢、包间的门不得有内锁装置。

第二十二条　任何人不得非法携带枪支、弹药、管制器具或者携带爆炸性、易燃性、毒害性、放射性、腐蚀性等危险物品和传染病病原体进入娱乐场所。

迪斯科舞厅应当配备安全检查设备，对进入营业场所的人员进行安全检查。

第二十三条　歌舞娱乐场所不得接纳未成年人。除国家法定节假日外，游艺娱乐场所设置的电子游戏机不得向未成年人提供。

第二十四条　娱乐场所不得招用未成年人；招用外国人的，应当按照国家有关规定为其办理外国人就业许可证。

第三十条　娱乐场所应当在营业场所的大厅、包厢、包间内的显著位置悬挂含有禁毒、禁赌、禁止卖淫嫖娼等内容的警示标志、未成年人禁入或者限入标志。标志应当注明公安部门、文化主管部门的举报电话。

第三十一条　娱乐场所应当建立巡查制度，发现娱乐场所内有违法犯罪活动的，应当立即向所在地县级公安部门、县级人民政府文化主管部门报告。

第三十二条　文化主管部门、公安部门和其他有关部门的工作人员依法履行监督检查职责时，有权进入娱乐场所。娱乐场所应当予以配合，不得拒绝、阻挠。

文化主管部门、公安部门和其他有关部门的工作人员依法履行监督检查职责时，需要查阅闭路电视监控录像资料、从业人员名簿、营业日志等资料的，娱乐场所应当及时提供。

第三十三条　文化主管部门、公安部门和其他有关部门应当记录监督检查的情况和处理结果。监督检查记录由监督检查人员签字归档。公众有权查阅监督检查记录。

第三十四条　文化主管部门、公安部门和其他有关部门应当建立娱乐场所违法行为警示记录系统;对列入警示记录的娱乐场所,应当及时向社会公布,并加大监督检查力度。

第三十五条　文化主管部门应当建立娱乐场所的经营活动信用监管制度,建立健全信用约束机制,并及时公布行政处罚信息。

第三十六条　文化主管部门、公安部门和其他有关部门应当建立相互间的信息通报制度,及时通报监督检查情况和处理结果。

第三十七条　任何单位或者个人发现娱乐场所内有违反本条例行为的,有权向文化主管部门、公安部门等有关部门举报。

文化主管部门、公安部门等有关部门接到举报,应当记录,并及时依法调查、处理;对不属于本部门职责范围的,应当及时移送有关部门。

第三十八条　上级人民政府文化主管部门、公安部门在必要时,可以依照本条例的规定调查、处理由下级人民政府文化主管部门、公安部门调查、处理的案件。

下级人民政府文化主管部门、公安部门认为案件重大、复杂的,可以请求移送上级人民政府文化主管部门、公安部门调查、处理。

第三十九条　文化主管部门、公安部门和其他有关部门及其工作人员违反本条例规定的,任何单位或者个人可以向依法有权处理的本级或者上一级机关举报。接到举报的机关应当依法及时调查、处理。

第四十条　娱乐场所行业协会应当依照章程的规定,制定行业自律规范,加强对会员经营活动的指导、监督。

第四十三条　娱乐场所实施本条例第十四条禁止行为的,由县级公安部门没收违法所得和非法财物,责令停业整顿3个月至6个月;情节严重的,由原发证机关吊销娱乐经营许可证,对直接负责的主管人员和其他直接责任人员处1万元以上2万元以下的罚款。

第五十一条 娱乐场所未按照本条例规定悬挂警示标志、未成年人禁入或者限入标志的，由县级人民政府文化主管部门、县级公安部门依据法定职权责令改正，给予警告。

吸毒成瘾认定办法

（2011年1月30日公安部令第115号发布 根据2016年12月29日公安部、国家卫生和计划生育委员会令第142号《关于修改〈吸毒成瘾认定办法〉的决定》修订）

第一条 为规范吸毒成瘾认定工作，科学认定吸毒成瘾人员，依法对吸毒成瘾人员采取戒毒措施和提供戒毒治疗，根据《中华人民共和国禁毒法》、《戒毒条例》，制定本办法。

第二条 本办法所称吸毒成瘾，是指吸毒人员因反复使用毒品而导致的慢性复发性脑病，表现为不顾不良后果、强迫性寻求及使用毒品的行为，常伴有不同程度的个人健康及社会功能损害。

第三条 本办法所称吸毒成瘾认定，是指公安机关或者其委托的戒毒医疗机构通过对吸毒人员进行人体生物样本检测、收集其吸毒证据或者根据生理、心理、精神的症状、体征等情况，判断其是否成瘾以及是否成瘾严重的工作。

本办法所称戒毒医疗机构，是指符合《戒毒医疗服务管理暂行办法》规定的专科戒毒医院和设有戒毒治疗科室的其他医疗机构。

第四条 公安机关在执法活动中发现吸毒人员，应当进行吸毒成瘾认定;因技术原因认定有困难的,可以委托有资质的戒毒医疗机构进行认定。

第五条 承担吸毒成瘾认定工作的戒毒医疗机构,由省级卫生计生行政部门会同同级公安机关指定。

第六条 公安机关认定吸毒成瘾,应当由两名以上人民警察进行,并在作出人体生物样本检测结论的二十四小时内提出认定意见,由认定人员签名,经所在单位负责人审核,加盖所在单位印章。

有关证据材料,应当作为认定意见的组成部分。

第七条 吸毒人员同时具备以下情形的,公安机关认定其吸毒成瘾:

(一)经血液、尿液和唾液等人体生物样本检测证明其体内含有毒品成分;

(二)有证据证明其有使用毒品行为;

(三)有戒断症状或者有证据证明吸毒史,包括曾经因使用毒品被公安机关查处、曾经进行自愿戒毒、人体毛发样品检测出毒品成分等情形。

戒断症状的具体情形,参照卫生部制定的《阿片类药物依赖诊断治疗指导原则》和《苯丙胺类药物依赖诊断治疗指导原则》、《氯胺酮依赖诊断治疗指导原则》确定。

第八条 吸毒成瘾人员具有下列情形之一的,公安机关认定其吸毒成瘾严重:

(一)曾经被责令社区戒毒、强制隔离戒毒(含《禁毒法》实施以前被强制戒毒或者劳教戒毒)、社区康复或者参加过戒毒药物维持治疗,再次吸食、注射毒品的;

(二)有证据证明其采取注射方式使用毒品或者至少三次使用累计涉及两类以上毒品的;

(三)有证据证明其使用毒品后伴有聚众淫乱、自伤自残或者暴力侵犯他人人身、财产安全或者妨害公共安全等行为的。

第九条 公安机关在吸毒成瘾认定过程中实施人体生物样本检

测，依照公安部制定的《吸毒检测程序规定》的有关规定执行。

第十条 公安机关承担吸毒成瘾认定工作的人民警察，应当同时具备以下条件：

（一）具有二级警员以上警衔及两年以上相关执法工作经历；

（二）经省级公安机关、卫生计生行政部门组织培训并考核合格。

第十一条 公安机关委托戒毒医疗机构进行吸毒成瘾认定的，应当在吸毒人员末次吸毒的七十二小时内予以委托并提交委托函。超过七十二小时委托的，戒毒医疗机构可以不予受理。

第十二条 承担吸毒成瘾认定工作的戒毒医疗机构及其医务人员，应当依照《戒毒医疗服务管理暂行办法》的有关规定进行吸毒成瘾认定工作。

第十三条 戒毒医疗机构认定吸毒成瘾，应当由两名承担吸毒成瘾认定工作的医师进行。

第十四条 承担吸毒成瘾认定工作的医师，应当同时具备以下条件：

（一）符合《戒毒医疗服务管理暂行办法》的有关规定；

（二）从事戒毒医疗工作不少于三年；

（三）具有中级以上专业技术职务任职资格。

第十五条 戒毒医疗机构对吸毒人员采集病史和体格检查时，委托认定的公安机关应当派有关人员在场协助。

第十六条 戒毒医疗机构认为需要对吸毒人员进行人体生物样本检测的，委托认定的公安机关应当协助提供现场采集的检测样本。

戒毒医疗机构认为需要重新采集其他人体生物检测样本的，委托认定的公安机关应当予以协助。

第十七条 戒毒医疗机构使用的检测试剂，应当是经国家食品药品监督管理局批准的产品，并避免与常见药物发生交叉反应。

第十八条 戒毒医疗机构及其医务人员应当依照诊疗规范、常规和有关规定，结合吸毒人员的病史、精神症状检查、体格检查和人体生物样本检测结果等，对吸毒人员进行吸毒成瘾认定。

第十九条 戒毒医疗机构应当自接受委托认定之日起三个工作日内出具吸毒成瘾认定报告,由认定人员签名并加盖戒毒医疗机构公章。认定报告一式二份,一份交委托认定的公安机关,一份留存备查。

第二十条 委托戒毒医疗机构进行吸毒成瘾认定的费用由委托单位承担。

第二十一条 各级公安机关、卫生计生行政部门应当加强对吸毒成瘾认定工作的指导和管理。

第二十二条 任何单位和个人不得违反规定泄露承担吸毒成瘾认定工作相关工作人员及被认定人员的信息。

第二十三条 公安机关、戒毒医疗机构以及承担认定工作的相关人员违反本办法规定的,依照有关法律法规追究责任。

第二十四条 本办法所称的两类及以上毒品是指阿片类(包括鸦片、吗啡、海洛因、杜冷丁等),苯丙胺类(包括各类苯丙胺衍生物),大麻类,可卡因类,以及氯胺酮等其他类毒品。

第二十五条 本办法自 2011 年 4 月 1 日起施行。

吸毒检测程序规定

(2009 年 9 月 27 日公安部令第 110 号发布　根据 2016 年 12 月 16 日公安部令第 141 号《关于修改〈吸毒检测程序规定〉的决定》修订)

第一条 为规范公安机关吸毒检测工作,保护当事人的合法权益,根据《中华人民共和国禁毒法》、《戒毒条例》等有关法律规定,制定本规定。

第二条 吸毒检测是运用科学技术手段对涉嫌吸毒的人员进行生物医学检测,为公安机关认定吸毒行为提供科学依据的活动。

吸毒检测的对象,包括涉嫌吸毒的人员,被决定执行强制隔离戒毒的人员,被公安机关责令接受社区戒毒和社区康复的人员,以及戒毒康复场所内的戒毒康复人员。

第三条 吸毒检测分为现场检测、实验室检测、实验室复检。

第四条 现场检测由县级以上公安机关或者其派出机构进行。

实验室检测由县级以上公安机关指定的取得检验鉴定机构资格的实验室或者有资质的医疗机构进行。

实验室复检由县级以上公安机关指定的取得检验鉴定机构资格的实验室进行。

实验室检测和实验室复检不得由同一检测机构进行。

第五条 吸毒检测样本的采集应当使用专用器材。现场检测器材应当是国家主管部门批准生产或者进口的合格产品。

第六条 检测样本为采集的被检测人员的尿液、血液、唾液或者毛发等生物样本。

第七条 被检测人员拒绝接受检测的,经县级以上公安机关或者其派出机构负责人批准,可以对其进行强制检测。

第八条 公安机关采集、送检、检测样本,应当由两名以上工作人员进行;采集女性被检测人尿液检测样本,应当由女性工作人员进行。

采集的检测样本经现场检测结果为阳性的,应当分别保存在 A、B 两个样本专用器材中并编号,由采集人和被采集人共同签字封存,采用检材适宜的条件予以保存,保存期不得少于六个月。

第九条 现场检测应当出具检测报告,由检测人签名,并加盖检测的公安机关或者其派出机构的印章。

现场检测结果应当当场告知被检测人,并由被检测人在检测报告上签名。被检测人拒不签名的,公安民警应当在检测报告上注明。

第十条 被检测人对现场检测结果有异议的,可以在被告知检测结果之日起的三日内,向现场检测的公安机关提出实验室检测申请。

公安机关应当在接到实验室检测申请后的三日内作出是否同意进行实验室检测的决定,并将结果告知被检测人。

第十一条 公安机关决定进行实验室检测的,应当在作出实验室检测决定后的三日内,将保存的 A 样本送交县级以上公安机关指定的具有检验鉴定资格的实验室或者有资质的医疗机构。

第十二条 接受委托的实验室或者医疗机构应当在接到检测样本后的三日内出具实验室检测报告,由检测人签名,并加盖检测机构公章后,送委托实验室检测的公安机关。公安机关收到检测报告后,应当在二十四小时内将检测结果告知被检测人。

第十三条 被检测人对实验室检测结果有异议的,可以在被告知检测结果后的三日内,向现场检测的公安机关提出实验室复检申请。

公安机关应当在接到实验室复检申请后的三日内作出是否同意进行实验室复检的决定,并将结果告知被检测人。

第十四条 公安机关决定进行实验室复检的,应当在作出实验室复检决定后的三日内,将保存的 B 样本送交县级以上公安机关指定的具有检验鉴定资格的实验室。

第十五条 接受委托的实验室应当在接到检测样本后的三日内出具检测报告,由检测人签名,并加盖专用鉴定章后,送委托实验室复检的公安机关。公安机关收到检测报告后,应当在二十四小时内将检测结果告知被检测人。

第十六条 接受委托的实验室检测机构或者实验室复检机构认为送检样本不符合检测条件的,应当报县级以上公安机关或者其派出机构负责人批准后,由公安机关根据检测机构的意见,重新采集检测样本。

第十七条 被检测人是否申请实验室检测和实验室复检,不影响案件的正常办理。

第十八条　现场检测费用、实验室检测、实验室复检的费用由公安机关承担。

第十九条　公安机关、鉴定机构或者其工作人员违反本规定，有下列情形之一的，应当依照有关规定，对相关责任人给予纪律处分或者行政处分；构成犯罪的，依法追究刑事责任：

（一）因严重不负责任给当事人合法权益造成重大损害的；

（二）故意提供虚假检测报告的；

（三）法律、行政法规规定的其他情形。

第二十条　吸毒检测的技术标准由公安部另行制定。

第二十一条　本规定所称“以上”、“内”皆包含本级或者本数，“日”是指工作日。

第二十二条　本规定自2010年1月1日起施行。

公安部关于执行《中华人民共和国禁毒法》有关问题的批复

（2008年12月23日　公复字〔2008〕7号）

北京市公安局：

你局《关于执行中华人民共和国禁毒法有关问题的请示》（京公法字〔2008〕1349号）收悉。现批复如下：

一、对吸食、注射毒品人员，无论成瘾与否，应当根据《中华人民共和国治安管理处罚法》第七十二条的规定，予以治安管理处罚。但是,吸毒人员主动到公安机关登记或者到有资质的医疗机构接受戒毒治疗的,不予处罚。

二、《中华人民共和国禁毒法》规定的社区戒毒、强制隔离戒毒措施不是行政处罚,而是一种强制性的戒毒治疗措施。对吸毒成瘾人员,公安机关可以同时依法决定予以治安管理处罚和社区戒毒或者强制隔离戒毒。

三、对于同时被决定行政拘留和社区戒毒或者强制隔离戒毒的吸毒成瘾人员,且不属于《中华人民共和国治安管理处罚法》第二十一条规定情形的,应当先执行行政拘留,再执行社区戒毒或者强制隔离戒毒,行政拘留的期限不计入社区戒毒或者强制隔离戒毒的期限。拘留所不具备戒毒治疗条件的,可由公安机关管理的强制隔离戒毒所代为执行行政拘留。

二、毒品犯罪刑事处罚

中华人民共和国刑法(节录)

(1979 年 7 月 1 日第五届全国人民代表大会第二次会议通过　1997 年 3 月 14 日第八届全国人民代表大会第五次会议修订　根据历次刑法修正案、修改决定修正)

第六十四条　【犯罪物品的处理】犯罪分子违法所得的一切财物,应当予以追缴或者责令退赔;对被害人的合法财产,应当及时返还;违禁品和供犯罪所用的本人财物,应当予以没收。没收的财物和罚金,一律上缴国库,不得挪用和自行处理。

第一百九十一条　【洗钱罪】为掩饰、隐瞒毒品犯罪、黑社会性质的组织犯罪、恐怖活动犯罪、走私犯罪、贪污贿赂犯罪、破坏金融管理秩序犯罪、金融诈骗犯罪的所得及其产生的收益的来源和性质,有下列行为之一的,没收实施以上犯罪的所得及其产生的收益,处五年以下有期徒刑或者拘役,并处或者单处罚金;情节严重的,处五年以上十年以下有期徒刑,并处罚金:

(一)提供资金帐户的;

(二)将财产转换为现金、金融票据、有价证券的;

(三)通过转帐或者其他支付结算方式转移资金的;

(四)跨境转移资产的;

(五)以其他方法掩饰、隐瞒犯罪所得及其收益的来源和性质的。

单位犯前款罪的,对单位判处罚金,并对其直接负责的主管人员和其他直接责任人员,依照前款的规定处罚。

第二百九十五条　【传授犯罪方法罪】传授犯罪方法的,处五年以下有期徒刑、拘役或者管制;情节严重的,处五年以上十年以下有期徒刑;情节特别严重的,处十年以上有期徒刑或者无期徒刑。

第三百四十七条　【走私、贩卖、运输、制造毒品罪】走私、贩卖、运输、制造毒品,无论数量多少,都应当追究刑事责任,予以刑事处罚。

走私、贩卖、运输、制造毒品,有下列情形之一的,处十五年有期徒刑、无期徒刑或者死刑,并处没收财产:

(一)走私、贩卖、运输、制造鸦片一千克以上、海洛因或者甲基苯丙胺五十克以上或者其他毒品数量大的;

(二)走私、贩卖、运输、制造毒品集团的首要分子;

(三)武装掩护走私、贩卖、运输、制造毒品的;

(四)以暴力抗拒检查、拘留、逮捕,情节严重的;

(五)参与有组织的国际贩毒活动的。

走私、贩卖、运输、制造鸦片二百克以上不满一千克、海洛因或者甲基苯丙胺十克以上不满五十克或者其他毒品数量较大的,处七年以上有期徒刑,并处罚金。

走私、贩卖、运输、制造鸦片不满二百克、海洛因或者甲基苯丙胺不满十克或者其他少量毒品的,处三年以下有期徒刑、拘役或者管制,并处罚金;情节严重的,处三年以上七年以下有期徒刑,并处罚金。

单位犯第二款、第三款、第四款罪的,对单位判处罚金,并对其直接负责的主管人员和其他直接责任人员,依照各该款的规定处罚。

利用、教唆未成年人走私、贩卖、运输、制造毒品,或者向未成年人出售毒品的,从重处罚。

对多次走私、贩卖、运输、制造毒品,未经处理的,毒品数量累计计算。

第三百四十八条 【非法持有毒品罪】非法持有鸦片一千克以上、海洛因或者甲基苯丙胺五十克以上或者其他毒品数量大的,处七年以上有期徒刑或者无期徒刑,并处罚金;非法持有鸦片二百克以上不满一千克、海洛因或者甲基苯丙胺十克以上不满五十克或者其他毒品数量较大的,处三年以下有期徒刑、拘役或者管制,并处罚金;情节严重的,处三年以上七年以下有期徒刑,并处罚金。

第三百四十九条 【包庇毒品犯罪分子罪;窝藏、转移、隐瞒毒品、毒赃罪】包庇走私、贩卖、运输、制造毒品的犯罪分子的,为犯罪分子窝藏、转移、隐瞒毒品或者犯罪所得的财物的,处三年以下有期徒刑、拘役或者管制;情节严重的,处三年以上十年以下有期徒刑。

【包庇毒品犯罪分子罪】缉毒人员或者其他国家机关工作人员掩护、包庇走私、贩卖、运输、制造毒品的犯罪分子的,依照前款的规定从重处罚。

【走私、贩卖、运输、制造毒品罪】犯前两款罪,事先通谋的,以走私、贩卖、运输、制造毒品罪的共犯论处。

第三百五十条 【非法生产、买卖、运输制毒物品、走私制毒物品罪】违反国家规定,非法生产、买卖、运输醋酸酐、乙醚、三氯甲烷或者其他用于制造毒品的原料、配剂,或者携带上述物品进出境,情节较重的,处三年以下有期徒刑、拘役或者管制,并处罚金;情节严重的,处三年以上七年以下有期徒刑,并处罚金;情节特别严重的,处七年以上有期徒刑,并处罚金或者没收财产。

【制造毒品罪】明知他人制造毒品而为其生产、买卖、运输前款规定的物品的,以制造毒品罪的共犯论处。

单位犯前两款罪的,对单位判处罚金,并对其直接负责的主管人员和其他直接责任人员,依照前两款的规定处罚。

第三百五十一条 【非法种植毒品原植物罪】非法种植罂粟、大麻等毒品原植物的,一律强制铲除。有下列情形之一的,处五年以下

有期徒刑、拘役或者管制,并处罚金:

(一)种植罂粟五百株以上不满三千株或者其他毒品原植物数量较大的;

(二)经公安机关处理后又种植的;

(三)抗拒铲除的。

非法种植罂粟三千株以上或者其他毒品原植物数量大的,处五年以上有期徒刑,并处罚金或者没收财产。

非法种植罂粟或者其他毒品原植物,在收获前自动铲除的,可以免除处罚。

第三百五十二条　【非法买卖、运输、携带、持有毒品原植物种子、幼苗罪】非法买卖、运输、携带、持有未经灭活的罂粟等毒品原植物种子或者幼苗,数量较大的,处三年以下有期徒刑、拘役或者管制,并处或者单处罚金。

第三百五十三条　【引诱、教唆、欺骗他人吸毒罪】引诱、教唆、欺骗他人吸食、注射毒品的,处三年以下有期徒刑、拘役或者管制,并处罚金;情节严重的,处三年以上七年以下有期徒刑,并处罚金。

【强迫他人吸毒罪】强迫他人吸食、注射毒品的,处三年以上十年以下有期徒刑,并处罚金。

引诱、教唆、欺骗或者强迫未成年人吸食、注射毒品的,从重处罚。

第三百五十四条　【容留他人吸毒罪】容留他人吸食、注射毒品的,处三年以下有期徒刑、拘役或者管制,并处罚金。

第三百五十五条　【非法提供麻醉药品、精神药品罪】依法从事生产、运输、管理、使用国家管制的麻醉药品、精神药品的人员,违反国家规定,向吸食、注射毒品的人提供国家规定管制的能够使人形成瘾癖的麻醉药品、精神药品的,处三年以下有期徒刑或者拘役,并处罚金;情节严重的,处三年以上七年以下有期徒刑,并处罚金。向走私、贩卖毒品的犯罪分子或者以牟利为目的,向吸食、注射毒品的人提供国家规定管制的能够使人形成瘾癖的麻醉药品、精神药品的,依照本法第三百四十七条的规定定罪处罚。

单位犯前款罪的，对单位判处罚金，并对其直接负责的主管人员和其他直接责任人员，依照前款的规定处罚。

最高人民法院关于审理毒品犯罪案件适用法律若干问题的解释

（2016年1月25日最高人民法院审判委员会第1676次会议通过　2016年4月6日公布　自2016年4月11日起施行　法释〔2016〕8号）

为依法惩治毒品犯罪，根据《中华人民共和国刑法》的有关规定，现就审理此类刑事案件适用法律的若干问题解释如下：

第一条　走私、贩卖、运输、制造、非法持有下列毒品，应当认定为刑法第三百四十七条第二款第一项、第三百四十八条规定的“其他毒品数量大”：

（一）可卡因五十克以上；

（二）3,4－亚甲二氧基甲基苯丙胺（MDMA）等苯丙胺类毒品（甲基苯丙胺除外）、吗啡一百克以上；

（三）芬太尼一百二十五克以上；

（四）甲卡西酮二百克以上；

（五）二氢埃托啡十毫克以上；

（六）哌替啶（度冷丁）二百五十克以上；

（七）氯胺酮五百克以上；

（八）美沙酮一千克以上；

（九）曲马多、γ－羟丁酸二千克以上；

（十）大麻油五千克、大麻脂十千克、大麻叶及大麻烟一百五十千克以上；

（十一）可待因、丁丙诺啡五千克以上；

（十二）三唑仑、安眠酮五十千克以上；

（十三）阿普唑仑、恰特草一百千克以上；

（十四）咖啡因、罂粟壳二百千克以上；

（十五）巴比妥、苯巴比妥、安钠咖、尼美西泮二百五十千克以上；

（十六）氯氮卓、艾司唑仑、地西泮、溴西泮五百千克以上；

（十七）上述毒品以外的其他毒品数量大的。

国家定点生产企业按照标准规格生产的麻醉药品或者精神药品被用于毒品犯罪的，根据药品中毒品成分的含量认定涉案毒品数量。

第二条 走私、贩卖、运输、制造、非法持有下列毒品，应当认定为刑法第三百四十七条第三款、第三百四十八条规定的“其他毒品数量较大”：

（一）可卡因十克以上不满五十克；

（二）3，4－亚甲二氧基甲基苯丙胺（MDMA）等苯丙胺类毒品（甲基苯丙胺除外）、吗啡二十克以上不满一百克；

（三）芬太尼二十五克以上不满一百二十五克；

（四）甲卡西酮四十克以上不满二百克；

（五）二氢埃托啡二毫克以上不满十毫克；

（六）哌替啶（度冷丁）五十克以上不满二百五十克；

（七）氯胺酮一百克以上不满五百克；

（八）美沙酮二百克以上不满一千克；

（九）曲马多、γ－羟丁酸四百克以上不满二千克；

（十）大麻油一千克以上不满五千克、大麻脂二千克以上不满十千克、大麻叶及大麻烟三十千克以上不满一百五十千克；

（十一）可待因、丁丙诺啡一千克以上不满五千克；

（十二）三唑仑、安眠酮十千克以上不满五十千克；

（十三）阿普唑仑、恰特草二十千克以上不满一百千克；

（十四）咖啡因、罂粟壳四十千克以上不满二百千克；

（十五）巴比妥、苯巴比妥、安钠咖、尼美西泮五十千克以上不满二百五十千克；

（十六）氯氮卓、艾司唑仑、地西泮、溴西泮一百千克以上不满五百千克；

（十七）上述毒品以外的其他毒品数量较大的。

第三条　在实施走私、贩卖、运输、制造毒品犯罪的过程中，携带枪支、弹药或者爆炸物用于掩护的，应当认定为刑法第三百四十七条第二款第三项规定的“武装掩护走私、贩卖、运输、制造毒品”。枪支、弹药、爆炸物种类的认定，依照相关司法解释的规定执行。

在实施走私、贩卖、运输、制造毒品犯罪的过程中，以暴力抗拒检查、拘留、逮捕，造成执法人员死亡、重伤、多人轻伤或者具有其他严重情节的，应当认定为刑法第三百四十七条第二款第四项规定的“以暴力抗拒检查、拘留、逮捕，情节严重”。

第四条　走私、贩卖、运输、制造毒品，具有下列情形之一的，应当认定为刑法第三百四十七条第四款规定的“情节严重”：

（一）向多人贩卖毒品或者多次走私、贩卖、运输、制造毒品的；

（二）在戒毒场所、监管场所贩卖毒品的；

（三）向在校学生贩卖毒品的；

（四）组织、利用残疾人、严重疾病患者、怀孕或者正在哺乳自己婴儿的妇女走私、贩卖、运输、制造毒品的；

（五）国家工作人员走私、贩卖、运输、制造毒品的；

（六）其他情节严重的情形。

第五条　非法持有毒品达到刑法第三百四十八条或者本解释第二条规定的“数量较大”标准，且具有下列情形之一的，应当认定为刑法第三百四十八条规定的“情节严重”：

（一）在戒毒场所、监管场所非法持有毒品的；

（二）利用、教唆未成年人非法持有毒品的；

（三）国家工作人员非法持有毒品的；

（四）其他情节严重的情形。

第六条　包庇走私、贩卖、运输、制造毒品的犯罪分子，具有下列情形之一的，应当认定为刑法第三百四十九条第一款规定的“情节严重”：

（一）被包庇的犯罪分子依法应当判处十五年有期徒刑以上刑罚的；

（二）包庇多名或者多次包庇走私、贩卖、运输、制造毒品的犯罪分子的；

（三）严重妨害司法机关对被包庇的犯罪分子实施的毒品犯罪进行追究的；

（四）其他情节严重的情形。

为走私、贩卖、运输、制造毒品的犯罪分子窝藏、转移、隐瞒毒品或者毒品犯罪所得的财物，具有下列情形之一的，应当认定为刑法第三百四十九条第一款规定的“情节严重”：

（一）为犯罪分子窝藏、转移、隐瞒毒品达到刑法第三百四十七条第二款第一项或者本解释第一条第一款规定的“数量大”标准的；

（二）为犯罪分子窝藏、转移、隐瞒毒品犯罪所得的财物价值达到五万元以上的；

（三）为多人或者多次为他人窝藏、转移、隐瞒毒品或者毒品犯罪所得的财物的；

（四）严重妨害司法机关对该犯罪分子实施的毒品犯罪进行追究的；

（五）其他情节严重的情形。

包庇走私、贩卖、运输、制造毒品的近亲属，或者为其窝藏、转移、隐瞒毒品或者毒品犯罪所得的财物，不具有本条前两款规定的“情节严重”情形，归案后认罪、悔罪、积极退赃，且系初犯、偶犯，犯罪情节轻微不需要判处刑罚的，可以免予刑事处罚。

第七条 违反国家规定，非法生产、买卖、运输制毒物品、走私制毒物品，达到下列数量标准的，应当认定为刑法第三百五十条第一款规定的“情节较重”：

（一）麻黄碱（麻黄素）、伪麻黄碱（伪麻黄素）、消旋麻黄碱（消旋麻黄素）一千克以上不满五千克；

（二）1－苯基－2－丙酮、1－苯基－2－溴－1－丙酮、3，4－亚甲基二氧苯基－2－丙酮、羟亚胺二千克以上不满十千克；

（三）3－氧－2－苯基丁腈、邻氯苯基环戊酮、去甲麻黄碱（去甲麻黄素）、甲基麻黄碱（甲基麻黄素）四千克以上不满二十千克；

（四）醋酸酐十千克以上不满五十千克；

（五）麻黄浸膏、麻黄浸膏粉、胡椒醛、黄樟素、黄樟油、异黄樟素、麦角酸、麦角胺、麦角新碱、苯乙酸二十千克以上不满一百千克；

（六）N－乙酰邻氨基苯酸、邻氨基苯甲酸、三氯甲烷、乙醚、哌啶五十千克以上不满二百五十千克；

（七）甲苯、丙酮、甲基乙基酮、高锰酸钾、硫酸、盐酸一百千克以上不满五百千克；

（八）其他制毒物品数量相当的。

违反国家规定，非法生产、买卖、运输制毒物品、走私制毒物品，达到前款规定的数量标准最低值的百分之五十，且具有下列情形之一的，应当认定为刑法第三百五十条第一款规定的“情节较重”：

（一）曾因非法生产、买卖、运输制毒物品、走私制毒物品受过刑事处罚的；

（二）二年内曾因非法生产、买卖、运输制毒物品、走私制毒物品受过行政处罚的；

（三）一次组织五人以上或者多次非法生产、买卖、运输制毒物品、走私制毒物品，或者在多个地点非法生产制毒物品的；

（四）利用、教唆未成年人非法生产、买卖、运输制毒物品、走私制毒物品的；

（五）国家工作人员非法生产、买卖、运输制毒物品、走私制毒物品的；

（六）严重影响群众正常生产、生活秩序的；

（七）其他情节较重的情形。

易制毒化学品生产、经营、购买、运输单位或者个人未办理许可证明或者备案证明，生产、销售、购买、运输易制毒化学品，确实用于合法生产、生活需要的，不以制毒物品犯罪论处。

第八条 违反国家规定，非法生产、买卖、运输制毒物品、走私制毒物品，具有下列情形之一的，应当认定为刑法第三百五十条第一款规定的“情节严重”：

（一）制毒物品数量在本解释第七条第一款规定的最高数量标准以上，不满最高数量标准五倍的；

（二）达到本解释第七条第一款规定的数量标准，且具有本解释第七条第二款第三项至第六项规定的情形之一的；

（三）其他情节严重的情形。

违反国家规定，非法生产、买卖、运输制毒物品、走私制毒物品，具有下列情形之一的，应当认定为刑法第三百五十条第一款规定的“情节特别严重”：

（一）制毒物品数量在本解释第七条第一款规定的最高数量标准五倍以上的；

（二）达到前款第一项规定的数量标准，且具有本解释第七条第二款第三项至第六项规定的情形之一的；

（三）其他情节特别严重的情形。

第九条 非法种植毒品原植物，具有下列情形之一的，应当认定为刑法第三百五十一条第一款第一项规定的“数量较大”：

（一）非法种植大麻五千株以上不满三万株的；

（二）非法种植罂粟二百平方米以上不满一千二百平方米、大麻二千平方米以上不满一万二千平方米，尚未出苗的；

（三）非法种植其他毒品原植物数量较大的。

非法种植毒品原植物，达到前款规定的最高数量标准的，应当认定为刑法第三百五十一条第二款规定的“数量大”。

第十条　非法买卖、运输、携带、持有未经灭活的毒品原植物种子或者幼苗，具有下列情形之一的，应当认定为刑法第三百五十二条规定的“数量较大”：

（一）罂粟种子五十克以上、罂粟幼苗五千株以上的；

（二）大麻种子五十千克以上、大麻幼苗五万株以上的；

（三）其他毒品原植物种子或者幼苗数量较大的。

第十一条　引诱、教唆、欺骗他人吸食、注射毒品，具有下列情形之一的，应当认定为刑法第三百五十三条第一款规定的“情节严重”：

（一）引诱、教唆、欺骗多人或者多次引诱、教唆、欺骗他人吸食、注射毒品的；

（二）对他人身体健康造成严重危害的；

（三）导致他人实施故意杀人、故意伤害、交通肇事等犯罪行为的；

（四）国家工作人员引诱、教唆、欺骗他人吸食、注射毒品的；

（五）其他情节严重的情形。

第十二条　容留他人吸食、注射毒品，具有下列情形之一的，应当依照刑法第三百五十四条的规定，以容留他人吸毒罪定罪处罚：

（一）一次容留多人吸食、注射毒品的；

（二）二年内多次容留他人吸食、注射毒品的；

（三）二年内曾因容留他人吸食、注射毒品受过行政处罚的；

（四）容留未成年人吸食、注射毒品的；

（五）以牟利为目的容留他人吸食、注射毒品的；

（六）容留他人吸食、注射毒品造成严重后果的；

（七）其他应当追究刑事责任的情形。

向他人贩卖毒品后又容留其吸食、注射毒品，或者容留他人吸食、注射毒品并向其贩卖毒品，符合前款规定的容留他人吸毒罪的定罪条件的，以贩卖毒品罪和容留他人吸毒罪数罪并罚。

容留近亲属吸食、注射毒品，情节显著轻微危害不大的，不作为犯罪处理;需要追究刑事责任的,可以酌情从宽处罚。

第十三条 依法从事生产、运输、管理、使用国家管制的麻醉药品、精神药品的人员,违反国家规定,向吸食、注射毒品的人提供国家规定管制的能够使人形成瘾癖的麻醉药品、精神药品,具有下列情形之一的,应当依照刑法第三百五十五条第一款的规定,以非法提供麻醉药品、精神药品罪定罪处罚:

(一)非法提供麻醉药品、精神药品达到刑法第三百四十七条第三款或者本解释第二条规定的“数量较大”标准最低值的百分之五十,不满“数量较大”标准的;

(二)二年内曾因非法提供麻醉药品、精神药品受过行政处罚的;

(三)向多人或者多次非法提供麻醉药品、精神药品的;

(四)向吸食、注射毒品的未成年人非法提供麻醉药品、精神药品的;

(五)非法提供麻醉药品、精神药品造成严重后果的;

(六)其他应当追究刑事责任的情形。

具有下列情形之一的,应当认定为刑法第三百五十五条第一款规定的“情节严重”:

(一)非法提供麻醉药品、精神药品达到刑法第三百四十七条第三款或者本解释第二条规定的“数量较大”标准的;

(二)非法提供麻醉药品、精神药品达到前款第一项规定的数量标准,且具有前款第三项至第五项规定的情形之一的;

(三)其他情节严重的情形。

第十四条 利用信息网络,设立用于实施传授制造毒品、非法生产制毒物品的方法,贩卖毒品,非法买卖制毒物品或者组织他人吸食、注射毒品等违法犯罪活动的网站、通讯群组,或者发布实施前述违法犯罪活动的信息,情节严重的,应当依照刑法第二百八十七条之一的规定,以非法利用信息网络罪定罪处罚。

实施刑法第二百八十七条之一、第二百八十七条之二规定的行为,同时构成贩卖毒品罪、非法买卖制毒物品罪、传授犯罪方法罪等犯罪的,依照处罚较重的规定定罪处罚。

第十五条　本解释自2016年4月11日起施行。《最高人民法院关于审理毒品案件定罪量刑标准有关问题的解释》(法释〔2000〕13号)同时废止;之前发布的司法解释和规范性文件与本解释不一致的,以本解释为准。

最高人民法院、最高人民检察院、公安部办理毒品犯罪案件适用法律若干问题的意见

(2007年12月18日　公通字〔2007〕84号)

一、关于毒品犯罪案件的管辖问题

根据刑事诉讼法的规定,毒品犯罪案件的地域管辖,应当坚持以犯罪地管辖为主、被告人居住地管辖为辅的原则。

"犯罪地"包括犯罪预谋地,毒资筹集地,交易进行地,毒品生产地,毒资、毒赃和毒品的藏匿地、转移地,走私或者贩运毒品的目的地以及犯罪嫌疑人被抓获地等。

"被告人居住地"包括被告人常住地、户籍地及其临时居住地。

对怀孕、哺乳期妇女走私、贩卖、运输毒品案件,查获地公安机关认为移交其居住地管辖更有利于采取强制措施和查清犯罪事实的,可以报请共同的上级公安机关批准,移送犯罪嫌疑人居住地公安机关办理,查获地公安机关应继续配合。

公安机关对侦办跨区域毒品犯罪案件的管辖权有争议的,应本

着有利于查清犯罪事实,有利于诉讼,有利于保障案件侦查安全的原则,认真协商解决。经协商无法达成一致的,报共同的上级公安机关指定管辖。对即将侦查终结的跨省(自治区、直辖市)重大毒品案件,必要时可由公安部商最高人民法院和最高人民检察院指定管辖。

为保证及时结案,避免超期羁押,人民检察院对于公安机关移送审查起诉的案件,人民法院对于已进入审判程序的案件,被告人及其辩护人提出管辖异议或者办案单位发现没有管辖权的,受案人民检察院、人民法院经审查可以依法报请上级人民检察院、人民法院指定管辖,不再自行移送有管辖权的人民检察院、人民法院。

二、关于毒品犯罪嫌疑人、被告人主观明知的认定问题

走私、贩卖、运输、非法持有毒品主观故意中的"明知",是指行为人知道或者应当知道所实施的行为是走私、贩卖、运输、非法持有毒品行为。具有下列情形之一,并且犯罪嫌疑人、被告人不能做出合理解释的,可以认定其"应当知道",但有证据证明确属被蒙骗的除外:

(一)执法人员在口岸、机场、车站、港口和其他检查站检查时,要求行为人申报为他人携带的物品和其他疑似毒品物,并告知其法律责任,而行为人未如实申报,在其所携带的物品内查获毒品的;

(二)以伪报、藏匿、伪装等蒙蔽手段逃避海关、边防等检查,在其携带、运输、邮寄的物品中查获毒品的;

(三)执法人员检查时,有逃跑、丢弃携带物品或逃避、抗拒检查等行为,在其携带或丢弃的物品中查获毒品的;

(四)体内藏匿毒品的;

(五)为获取不同寻常的高额或不等值的报酬而携带、运输毒品的;

(六)采用高度隐蔽的方式携带、运输毒品的;

(七)采用高度隐蔽的方式交接毒品,明显违背合法物品惯常交接方式的;

(八)其他有证据足以证明行为人应当知道的。

三、关于办理氯胺酮等毒品案件定罪量刑标准问题

(一)走私、贩卖、运输、制造、非法持有下列毒品,应当认定为刑法第三百四十七条第二款第(一)项、第三百四十八条规定的“其他毒品数量大”:

1. 二亚甲基双氧安非他明(MDMA)等苯丙胺类毒品(甲基苯丙胺除外)100 克以上;

2. 氯胺酮、美沙酮 1 千克以上;

3. 三唑仑、安眠酮 50 千克以上;

4. 氯氮卓、艾司唑仑、地西泮、溴西泮 500 千克以上;

5. 上述毒品以外的其他毒品数量大的。

(二)走私、贩卖、运输、制造、非法持有下列毒品,应当认定为刑法第三百四十七条第三款、第三百四十八条规定的“其他毒品数量较大”:

1. 二亚甲基双氧安非他明(MDMA)等苯丙胺类毒品(甲基苯丙胺除外)20 克以上不满 100 克的;

2. 氯胺酮、美沙酮 200 克以上不满 1 千克的;

3. 三唑仑、安眠酮 10 千克以上不满 50 千克的;

4. 氯氮卓、艾司唑仑、地西泮、溴西泮 100 千克以上不满 500 千克的;

5. 上述毒品以外的其他毒品数量较大的。

(三)走私、贩卖、运输、制造下列毒品,应当认定为刑法第三百四十七条第四款规定的“其他少量毒品”:

1. 二亚甲基双氧安非他明(MDMA)等苯丙胺类毒品(甲基苯丙胺除外)不满 20 克的;

2. 氯胺酮、美沙酮不满 200 克的;

3. 三唑仑、安眠酮不满 10 千克的;

4. 氯氮卓、艾司唑仑、地西泮、溴西泮不满 100 千克的;

5. 上述毒品以外的其他少量毒品的。

(四)上述毒品品种包括其盐和制剂。毒品鉴定结论中毒品品名的认定应当以国家食品药品监督管理局、公安部、卫生部最新发布的《麻醉药品品种目录》、《精神药品品种目录》为依据。

四、关于死刑案件的毒品含量鉴定问题

可能判处死刑的毒品犯罪案件，毒品鉴定结论中应有含量鉴定的结论。

最高人民法院、最高人民检察院、公安部关于办理制毒物品犯罪案件适用法律若干问题的意见

（2009年6月23日 公通字〔2009〕33号）

各省、自治区、直辖市高级人民法院、人民检察院、公安厅、局，新疆维吾尔自治区高级人民法院生产建设兵团分院、新疆生产建设兵团人民检察院、公安局：

为依法惩治走私制毒物品、非法买卖制毒物品犯罪活动，根据刑法有关规定，结合司法实践，现就办理制毒物品犯罪案件适用法律的若干问题制定如下意见：

一、关于制毒物品犯罪的认定

（一）本意见中的“制毒物品”，是指刑法第三百五十条第一款规定的醋酸酐、乙醚、三氯甲烷或者其他用于制造毒品的原料或者配剂，具体品种范围按照国家关于易制毒化学品管理的规定确定。

（二）违反国家规定，实施下列行为之一的，认定为刑法第三百五十条规定的非法买卖制毒物品行为：

1. 未经许可或者备案，擅自购买、销售易制毒化学品的；

2. 超出许可证明或者备案证明的品种、数量范围购买、销售易制毒化学品的；

3. 使用他人的或者伪造、变造、失效的许可证明或者备案证明购买、销售易制毒化学品的；

4. 经营单位违反规定，向无购买许可证明、备案证明的单位、个人销售易制毒化学品的，或者明知购买者使用他人的或者伪造、变造、失效的购买许可证明、备案证明，向其销售易制毒化学品的；

5. 以其他方式非法买卖易制毒化学品的。

（三）易制毒化学品生产、经营、使用单位或者个人未办理许可证明或者备案证明，购买、销售易制毒化学品，如果有证据证明确实用于合法生产、生活需要，依法能够办理只是未及时办理许可证明或者备案证明，且未造成严重社会危害的，可不以非法买卖制毒物品罪论处。

（四）为了制造毒品或者走私、非法买卖制毒物品犯罪而采用生产、加工、提炼等方法非法制造易制毒化学品的，根据刑法第二十二条的规定，按照其制造易制毒化学品的不同目的，分别以制造毒品、走私制毒物品、非法买卖制毒物品的预备行为论处。

（五）明知他人实施走私或者非法买卖制毒物品犯罪，而为其运输、储存、代理进出口或者以其他方式提供便利的，以走私或者非法买卖制毒物品罪的共犯论处。

（六）走私、非法买卖制毒物品行为同时构成其他犯罪的，依照处罚较重的规定定罪处罚。

二、关于制毒物品犯罪嫌疑人、被告人主观明知的认定

对于走私或者非法买卖制毒物品行为，有下列情形之一，且查获了易制毒化学品，结合犯罪嫌疑人、被告人的供述和其他证据，经综合审查判断，可以认定其“明知”是制毒物品而走私或者非法买卖，但有证据证明确属被蒙骗的除外：

1. 改变产品形状、包装或者使用虚假标签、商标等产品标志的；

2. 以藏匿、夹带或者其他隐蔽方式运输、携带易制毒化学品逃避检查的;

3. 抗拒检查或者在检查时丢弃货物逃跑的;

4. 以伪报、藏匿、伪装等蒙蔽手段逃避海关、边防等检查的;

5. 选择不设海关或者边防检查站的路段绕行出入境的;

6. 以虚假身份、地址办理托运、邮寄手续的;

7. 以其他方法隐瞒真相,逃避对易制毒化学品依法监管的。

三、关于制毒物品犯罪定罪量刑的数量标准

(一)违反国家规定,非法运输、携带制毒物品进出境或者在境内非法买卖制毒物品达到下列数量标准的,依照刑法第三百五十条第一款的规定,处三年以下有期徒刑、拘役或者管制,并处罚金:

1. 1 - 苯基 - 2 - 丙酮五千克以上不满五十千克;

2. 3,4 - 亚甲基二氧苯基 - 2 - 丙酮、去甲麻黄素(去甲麻黄碱)、甲基麻黄素(甲基麻黄碱)、羟亚胺及其盐类十千克以上不满一百千克;

3. 胡椒醛、黄樟素、黄樟油、异黄樟素、麦角酸、麦角胺、麦角新碱、苯乙酸二十千克以上不满二百千克;

4. N - 乙酰邻氨基苯酸、邻氨基苯甲酸、哌啶一百五十千克以上不满一千五百千克;

5. 甲苯、丙酮、甲基乙基酮、高锰酸钾、硫酸、盐酸四百千克以上不满四千千克;

6. 其他用于制造毒品的原料或者配剂相当数量的。

(二)违反国家规定,非法买卖或者走私制毒物品,达到或者超过前款所列最高数量标准的,认定为刑法第三百五十条第一款规定的"数量大的",处三年以上十年以下有期徒刑,并处罚金。

全国部分法院审理毒品犯罪案件工作座谈会纪要

（2008年12月1日　法(2008)324号）

近年来，全国法院认真贯彻落实国家禁毒法律和政策，始终把打击毒品犯罪作为刑事审判工作的一项重要任务，依法严惩了一大批毒品犯罪分子，为净化社会环境，保护公民身心健康，维护社会和谐稳定作出了重要贡献。但是，由于国际国内各方面因素的影响，我国的禁毒形势仍然十分严峻。人民法院一定要从民族兴衰和国家安危的高度，深刻认识惩治毒品犯罪的极端重要性和紧迫性，认真贯彻执行刑法、刑事诉讼法和禁毒法的有关规定，坚持"预防为主，综合治理，禁种、禁制、禁贩、禁吸并举"的禁毒工作方针，贯彻宽严相济的刑事政策，充分发挥刑事审判职能，严厉打击严重毒品犯罪，积极参与禁毒人民战争和综合治理工作，有效遏制毒品犯罪发展蔓延的势头。

为了进一步加强毒品犯罪案件的审判工作，依法惩治毒品犯罪，最高人民法院于2008年9月23日至24日在辽宁省大连市召开了全国部分法院审理毒品犯罪案件工作座谈会。最高人民法院张军副院长出席座谈会并作讲话。座谈会在2000年在南宁市召开的"全国法院审理毒品犯罪案件工作座谈会"及其会议纪要、2004年在佛山市召开的"全国法院刑事审判工作座谈会"和2007年在南京市召开的"全国部分法院刑事审判工作座谈会"精神的基础上，根据最高人民法院统一行使死刑案件核准权后毒品犯罪法律适用出现的新情况，适应审理毒品案件尤其是毒品死刑案件的需要，对最高人民法院“关于全国法院审理毒品犯罪案件工作座谈会纪要”（即“南宁会议纪要”）、有关会议领导讲话和有关审理毒品犯罪案件规范性文件的相关内容进行了系统整理和归纳完善，同时认真总结了近年来全国法院审理毒品犯罪案件的经验，研究分析了审理毒品犯罪案件中遇到的新情况、新问题，对人民法院审理毒品犯罪案件尤其是毒品死刑案件具体应用法律的有关问题取得了共识。现纪要如下：

一、毒品案件的罪名确定和数量认定问题

刑法第三百四十七条规定的走私、贩卖、运输、制造毒品罪是选择性罪名，对同一宗毒品实施了两种以上犯罪行为并有相应确凿证据的，应当按照所实施的犯罪行为的性质并列确定罪名，毒品数量不重复计算，不实行数罪并罚。对同一宗毒品可能实施了两种以上犯罪行为，但相应证据只能认定其中一种或者几种行为，认定其他行为的证据不够确实充分的，则只按照依法能够认定的行为的性质定罪。如涉嫌为贩卖而运输毒品，认定贩卖的证据不够确实充分的，则只定运输毒品罪。对不同宗毒品分别实施了不同种犯罪行为的，应对不同行为并列确定罪名，累计毒品数量，不实行数罪并罚。对被告人一人走私、贩卖、运输、制造两种以上毒品的，不实行数罪并罚，量刑时可综合考虑毒品的种类、数量及危害，依法处理。

罪名不以行为实施的先后、毒品数量或者危害大小排列，一律以刑法条文规定的顺序表述。如对同一宗毒品制造后又走私的，以走私、制造毒品罪定罪。下级法院在判决中确定罪名不准确的，上级法院可以减少选择性罪名中的部分罪名或者改动罪名顺序，在不加重原判刑罚的情况下，也可以改变罪名，但不得增加罪名。

对于吸毒者实施的毒品犯罪，在认定犯罪事实和确定罪名时要慎重。吸毒者在购买、运输、存储毒品过程中被查获的，如没有证据证明其是为了实施贩卖等其他毒品犯罪行为，毒品数量未超过刑法第三百四十八条规定的最低数量标准的，一般不定罪处罚；查获毒品数量达到较大以上的，应以其实际实施的毒品犯罪行为定罪处罚。

对于以贩养吸的被告人，其被查获的毒品数量应认定为其犯罪的数量，但量刑时应考虑被告人吸食毒品的情节，酌情处理；被告人购买了一定数量的毒品后，部分已被其吸食的，应当按能够证明的贩卖数量及查获的毒品数量认定其贩毒的数量，已被吸食部分不计入在内。

有证据证明行为人不以牟利为目的，为他人代购仅用于吸食的毒品，毒品数量超过刑法第三百四十八条规定的最低数量标准的，对托购者、代购者应以非法持有毒品罪定罪。代购者从中牟利，变相加价贩卖毒品的，对代购者应以贩卖毒品罪定罪。明知他人实施毒品犯罪而为其居间介绍、代购代卖的，无论是否牟利，都应以相关毒品犯罪的共犯论处。

盗窃、抢夺、抢劫毒品的，应当分别以盗窃罪、抢夺罪或者抢劫罪定罪，但不计犯罪数额，根据情节轻重予以定罪量刑。盗窃、抢夺、抢劫毒品后又实施其他毒品犯罪的，对盗窃罪、抢夺罪、抢劫罪和所犯的具体毒品犯罪分别定罪，依法数罪并罚。走私毒品，又走私其他物品构成犯罪的，以走私毒品罪和其所犯的其他走私罪分别定罪，依法数罪并罚。

二、毒品犯罪的死刑适用问题

审理毒品犯罪案件，应当切实贯彻宽严相济的刑事政策，突出毒品犯罪的打击重点。必须依法严惩毒枭、职业毒犯、再犯、累犯、惯犯、主犯等主观恶性深、人身危险性大、危害严重的毒品犯罪分子，以及具有将毒品走私入境，多次、大量或者向多人贩卖，诱使多人吸毒，武装掩护、暴力抗拒检查、拘留或者逮捕，或者参与有组织的国际贩毒活动等情节的毒品犯罪分子。对其中罪行极其严重依法应当判处死刑的，必须坚决依法判处死刑。

毒品数量是毒品犯罪案件量刑的重要情节，但不是唯一情节。对被告人量刑时，特别是在考虑是否适用死刑时，应当综合考虑毒品数量、犯罪情节、危害后果、被告人的主观恶性、人身危险性以及当地禁毒形势等各种因素，做到区别对待。近期，审理毒品犯罪案件掌握的死刑数量标准,应当结合本地毒品犯罪的实际情况和依法惩治、预防毒品犯罪的需要,并参照最高人民法院复核的毒品死刑案件的典型案例,恰当把握。量刑既不能只片面考虑毒品数量,不考虑犯罪的其他情节,也不能只片面考虑其他情节,而忽视毒品数量。

对虽然已达到实际掌握的判处死刑的毒品数量标准,但是具有法定、酌定从宽处罚情节的被告人,可以不判处死刑;反之,对毒品数量接近实际掌握的判处死刑的数量标准,但具有从重处罚情节的被告人,也可以判处死刑。毒品数量达到实际掌握的死刑数量标准,既有从重处罚情节,又有从宽处罚情节的,应当综合考虑各方面因素决定刑罚,判处死刑立即执行应当慎重。

具有下列情形之一的,可以判处被告人死刑:(1)具有毒品犯罪集团首要分子、武装掩护毒品犯罪、暴力抗拒检查、拘留或者逮捕、参与有组织的国际贩毒活动等严重情节的;(2)毒品数量达到实际掌握的死刑数量标准,并具有毒品再犯、累犯,利用、教唆未成年人走私、贩卖、运输、制造毒品,或者向未成年人出售毒品等法定从重处罚情节的;(3)毒品数量达到实际掌握的死刑数量标准,并具有多次走私、贩卖、运输、制造毒品,向多人贩毒,在毒品犯罪中诱使、容留多人吸毒,在戒毒监管场所贩毒,国家工作人员利用职务便利实施毒品犯罪,或者职业犯、惯犯、主犯等情节的;(4)毒品数量达到实际掌握的死刑数量标准,并具有其他从重处罚情节的;(5)毒品数量超过实际掌握的死刑数量标准,且没有法定、酌定从轻处罚情节的。

毒品数量达到实际掌握的死刑数量标准,具有下列情形之一的,可以不判处被告人死刑立即执行:(1)具有自首、立功等法定从宽处罚情节的;(2)已查获的毒品数量未达到实际掌握的死刑数量标准,到案后坦白尚未被司法机关掌握的其他毒品犯罪,累计数量超过实际掌握的死刑数量标准的;(3)经鉴定毒品含量极低,掺假之后的数量才达到实际掌握的死刑数量标准的,或者有证据表明可能大量掺假但因故不能鉴定的;(4)因特情引诱毒品数量才达到实际掌握的死刑数量标准的;(5)以贩养吸的被告人,被查获的毒品数量刚达到实际掌握的死刑数量标准的；(6)毒品数量刚达到实际掌握的死刑数量标准，确属初次犯罪即被查获，未造成严重危害后果的；(7)共同犯罪毒品数量刚达到实际掌握的死刑数量标准，但各共同犯罪人作用相当，或者责任大小难以区分的；(8)家庭成员共同实施毒品犯罪，其中起主要作用的被告人已被判处死刑立即执行，其他被告人罪行相对较轻的；(9)其他不是必须判处死刑立即执行的。

有些毒品犯罪案件，往往由于毒品、毒资等证据已不存在，导致审查证据和认定事实困难。在处理这类案件时，只有被告人的口供与同案其他被告人供述吻合，并且完全排除诱供、逼供、串供等情形，被告人的口供与同案被告人的供述才可以作为定案的证据。仅有被告人口供与同案被告人供述作为定案证据的，对被告人判处死刑立即执行要特别慎重。

三、运输毒品罪的刑罚适用问题

对于运输毒品犯罪，要注意重点打击指使、雇佣他人运输毒品的犯罪分子和接应、接货的毒品所有者、买家或者卖家。对于运输毒品犯罪集团首要分子，组织、指使、雇佣他人运输毒品的主犯或者毒枭、职业毒犯、毒品再犯，以及具有武装掩护、暴力抗拒检查、拘留或者逮捕、参与有组织的国际毒品犯罪、以运输毒品为业、多次运输毒品或者其他严重情节的，应当按照刑法、有关司法解释和司法实践实际掌握的数量标准，从严惩处，依法应判处死刑的必须坚决判处死刑。

毒品犯罪中，单纯的运输毒品行为具有从属性、辅助性特点，且情况复杂多样。部分涉案人员系受指使、雇佣的贫民、边民或者无业人员，只是为了赚取少量运费而为他人运输毒品，他们不是毒品的所有者、买家或者卖家，与幕后的组织、指使、雇佣者相比，在整个毒品犯罪环节中处于从属、辅助和被支配地位，所起作用和主观恶性相对较小，社会危害性也相对较小。因此，对于运输毒品犯罪中的这部分人员，在量刑标准的把握上，应当与走私、贩卖、制造毒品和前述具有严重情节的运输毒品犯罪分子有所区别，不应单纯以涉案毒品数量的大小决定刑罚适用的轻重。

对有证据证明被告人确属受人指使、雇佣参与运输毒品犯罪，又系初犯、偶犯的，可以从轻处罚，即使毒品数量超过实际掌握的死刑数量标准，也可以不判处死刑立即执行。

毒品数量超过实际掌握的死刑数量标准，不能证明被告人系受人指使、雇佣参与运输毒品犯罪的，可以依法判处重刑直至死刑。

涉嫌为贩卖而自行运输毒品，由于认定贩卖毒品的证据不足，因而认定为运输毒品罪的，不同于单纯的受指使为他人运输毒品行为，其量刑标准应当与单纯的运输毒品行为有所区别。

四、制造毒品的认定与处罚问题

鉴于毒品犯罪分子制造毒品的手段复杂多样、不断翻新，采用物理方法加工、配制毒品的情况大量出现，有必要进一步准确界定制造毒品的行为、方法。制造毒品不仅包括非法用毒品原植物直接提炼和用化学方法加工、配制毒品的行为，也包括以改变毒品成分和效用为目的，用混合等物理方法加工、配制毒品的行为，如将甲基苯丙胺或者其他苯丙胺类毒品与其他毒品混合成麻古或者摇头丸。为便于隐蔽运输、销售、使用、欺骗购买者，或者为了增重，对毒品掺杂使假，添加或者去除其他非毒品物质，不属于制造毒品的行为。

已经制成毒品，达到实际掌握的死刑数量标准的，可以判处死刑；数量特别巨大的，应当判处死刑。已经制造出粗制毒品或者半成品的，以制造毒品罪的既遂论处。购进制造毒品的设备和原材料，开始着手制造毒品，但尚未制造出粗制毒品或者半成品的，以制造毒品罪的未遂论处。

五、毒品含量鉴定和混合型、新类型毒品案件处理问题

鉴于大量掺假毒品和成分复杂的新类型毒品不断出现，为做到罪刑相当、罚当其罪，保证毒品案件的审判质量，并考虑目前毒品鉴定的条件和现状，对可能判处被告人死刑的毒品犯罪案件，应当根据最高人民法院、最高人民检察院、公安部2007年12月颁布的《办理毒品犯罪案件适用法律若干问题的意见》，作出毒品含量鉴定；对涉案毒品可能大量掺假或者系成分复杂的新类型毒品的，亦应当作出毒品含量鉴定。

对于含有二种以上毒品成分的毒品混合物,应进一步作成分鉴定,确定所含的不同毒品成分及比例。对于毒品中含有海洛因、甲基苯丙胺的,应以海洛因、甲基苯丙胺分别确定其毒品种类;不含海洛因、甲基苯丙胺的,应以其中毒性较大的毒品成分确定其毒品种类;如果毒性相当或者难以确定毒性大小的,以其中比例较大的毒品成分确定其毒品种类,并在量刑时综合考虑其他毒品成分、含量和全案所涉毒品数量。对于刑法、司法解释等已规定了量刑数量标准的毒品,按照刑法、司法解释等规定适用刑罚;对于刑法、司法解释等没有规定量刑数量标准的毒品,有条件折算为海洛因的,参照国家食品药品监督管理局制定的《非法药物折算表》,折算成海洛因的数量后适用刑罚。

对于国家管制的精神药品和麻醉药品,刑法、司法解释等尚未明确规定量刑数量标准,也不具备折算条件的,应由有关专业部门确定涉案毒品毒效的大小、有毒成分的多少、吸毒者对该毒品的依赖程度,综合考虑其致瘾癖性、戒断性、社会危害性等依法量刑。因条件限制不能确定的,可以参考涉案毒品非法交易的价格因素等,决定对被告人适用的刑罚,但一般不宜判处死刑立即执行。

六、特情介入案件的处理问题

运用特情侦破毒品案件,是依法打击毒品犯罪的有效手段。对特情介入侦破的毒品案件,要区别不同情形予以分别处理。

对已持有毒品待售或者有证据证明已准备实施大宗毒品犯罪者,采取特情贴靠、接洽而破获的案件,不存在犯罪引诱,应当依法处理。

行为人本没有实施毒品犯罪的主观意图,而是在特情诱惑和促成下形成犯意,进而实施毒品犯罪的,属于“犯意引诱”。对因“犯意引诱”实施毒品犯罪的被告人,根据罪刑相适应原则,应当依法从轻处罚,无论涉案毒品数量多大,都不应判处死刑立即执行。行为人在特情既为其安排上线,又提供下线的双重引诱,即“双套引诱”下实施毒品犯罪的,处刑时可予以更大幅度的从宽处罚或者依法免予刑事处罚。

行为人本来只有实施数量较小的毒品犯罪的故意,在特情引诱下实施了数量较大甚至达到实际掌握的死刑数量标准的毒品犯罪的,属于“数量引诱”。对因“数量引诱”实施毒品犯罪的被告人,应当依法从轻处罚,即使毒品数量超过实际掌握的死刑数量标准,一般也不判处死刑立即执行。

对不能排除“犯意引诱”和“数量引诱”的案件,在考虑是否对被告人判处死刑立即执行时,要留有余地。

对被告人受特情间接引诱实施毒品犯罪的,参照上述原则依法处理。

七、毒品案件的立功问题

共同犯罪中同案犯的基本情况,包括同案犯姓名、住址、体貌特征、联络方式等信息,属于被告人应当供述的范围。公安机关根据被告人供述抓获同案犯的,不应认定其有立功表现。被告人在公安机关抓获同案犯过程中确实起到协助作用的,例如,经被告人现场指认、辨认抓获了同案犯;被告人带领公安人员抓获了同案犯;被告人提供了不为有关机关掌握或者有关机关按照正常工作程序无法掌握的同案犯藏匿的线索,有关机关据此抓获了同案犯;被告人交代了与同案犯的联系方式,又按要求与对方联络,积极协助公安机关抓获了同案犯等,属于协助司法机关抓获同案犯,应认定为立功。

关于立功从宽处罚的把握,应以功是否足以抵罪为标准。在毒品共同犯罪案件中,毒枭、毒品犯罪集团首要分子、共同犯罪的主犯、职业毒犯、毒品惯犯等,由于掌握同案犯、从犯、马仔的犯罪情况和个人信息,被抓获后往往能协助抓捕同案犯,获得立功或者重大立功。对其是否从宽处罚以及从宽幅度的大小,应当主要看功是否足以抵罪,即应结合被告人罪行的严重程度、立功大小综合考虑。要充分注意毒品共同犯罪人以及上、下家之间的量刑平衡。对于毒枭等严重毒品犯罪分子立功的,从轻或者减轻处罚应当从严掌握。如果其罪行极其严重，只有一般立功表现，功不足以抵罪的，可不予从轻处罚；如果其检举、揭发的是其他犯罪案件中罪行同样严重的犯罪分子，或者协助抓获的是同案中的其他首要分子、主犯，功足以抵罪的，原则上可以从轻或者减轻处罚；如果协助抓获的只是同案中的从犯或者马仔，功不足以抵罪，或者从轻处罚后全案处刑明显失衡的，不予从轻处罚。相反，对于从犯、马仔立功，特别是协助抓获毒枭、首要分子、主犯的，应当从轻处罚，直至依法减轻或者免除处罚。

被告人亲属为了使被告人得到从轻处罚，检举、揭发他人犯罪或者协助司法机关抓捕其他犯罪人的，不能视为被告人立功。同监犯将本人或者他人尚未被司法机关掌握的犯罪事实告知被告人，由被告人检举揭发的，如经查证属实，虽可认定被告人立功，但是否从宽处罚、从宽幅度大小，应与通常的立功有所区别。通过非法手段或者非法途径获取他人犯罪信息，如从国家工作人员处贿买他人犯罪信息，通过律师、看守人员等非法途径获取他人犯罪信息，由被告人检举揭发的，不能认定为立功，也不能作为酌情从轻处罚情节。

八、毒品再犯问题

根据刑法第三百五十六条规定，只要因走私、贩卖、运输、制造、非法持有毒品罪被判过刑，不论是在刑罚执行完毕后，还是在缓刑、假释或者暂予监外执行期间，又犯刑法分则第六章第七节规定的犯罪的，都是毒品再犯，应当从重处罚。

因走私、贩卖、运输、制造、非法持有毒品罪被判刑的犯罪分子，在缓刑、假释或者暂予监外执行期间又犯刑法分则第六章第七节规定的犯罪的，应当在对其所犯新的毒品犯罪适用刑法第三百五十六条从重处罚的规定确定刑罚后，再依法数罪并罚。

对同时构成累犯和毒品再犯的被告人，应当同时引用刑法关于累犯和毒品再犯的条款从重处罚。

九、毒品案件的共同犯罪问题

毒品犯罪中，部分共同犯罪人未到案，如现有证据能够认定已到案被告人为共同犯罪，或者能够认定为主犯或者从犯的，应当依法认定。没有实施毒品犯罪的共同故意,仅在客观上为相互关联的毒品犯罪上下家,不构成共同犯罪,但为了诉讼便利可并案审理。审理毒品共同犯罪案件应当注意以下几个方面的问题:

一是要正确区分主犯和从犯。区分主犯和从犯,应当以各共同犯罪人在毒品共同犯罪中的地位和作用为根据。要从犯意提起、具体行为分工、出资和实际分得毒赃多少以及共犯之间相互关系等方面,比较各个共同犯罪人在共同犯罪中的地位和作用。在毒品共同犯罪中,为主出资者、毒品所有者或者起意、策划、纠集、组织、雇佣、指使他人参与犯罪以及其他起主要作用的是主犯;起次要或者辅助作用的是从犯。受雇佣、受指使实施毒品犯罪的,应根据其在犯罪中实际发挥的作用具体认定为主犯或者从犯。对于确有证据证明在共同犯罪中起次要或者辅助作用的,不能因为其他共同犯罪人未到案而不认定为从犯,甚至将其认定为主犯或者按主犯处罚。只要认定为从犯,无论主犯是否到案,均应依照刑法关于从犯的规定从轻、减轻或者免除处罚。

二是要正确认定共同犯罪案件中主犯和从犯的毒品犯罪数量。对于毒品犯罪集团的首要分子,应按集团毒品犯罪的总数量处罚;对一般共同犯罪的主犯,应按其所参与的或者组织、指挥的毒品犯罪数量处罚;对于从犯,应当按照其所参与的毒品犯罪的数量处罚。

三是要根据行为人在共同犯罪中的作用和罪责大小确定刑罚。不同案件不能简单类比,一个案件的从犯参与犯罪的毒品数量可能比另一案件的主犯参与犯罪的毒品数量大,但对这一案件从犯的处罚不是必然重于另一案件的主犯。共同犯罪中能分清主从犯的,不能因为涉案的毒品数量特别巨大,就不分主从犯而一律将被告人认定为主犯或者实际上都按主犯处罚,一律判处重刑甚至死刑。对于共同犯罪中有多个主犯或者共同犯罪人的,处罚上也应做到区别对待。应当全面考察各主犯或者共同犯罪人在共同犯罪中实际发挥作用的差别,主观恶性和人身危险性方面的差异,对罪责或者人身危险性更大的主犯或者共同犯罪人依法判处更重的刑罚。

十、主观明知的认定问题

毒品犯罪中,判断被告人对涉案毒品是否明知,不能仅凭被告人供述,而应当依据被告人实施毒品犯罪行为的过程、方式、毒品被查获时的情形等证据,结合被告人的年龄、阅历、智力等情况,进行综合分析判断。

具有下列情形之一,被告人不能做出合理解释的,可以认定其"明知"是毒品,但有证据证明确属被蒙骗的除外:(1)执法人员在口岸、机场、车站、港口和其他检查站点检查时,要求行为人申报为他人携带的物品和其他疑似毒品物,并告知其法律责任,而行为人未如实申报,在其携带的物品中查获毒品的;(2)以伪报、藏匿、伪装等蒙蔽手段,逃避海关、边防等检查,在其携带、运输、邮寄的物品中查获毒品的;(3)执法人员检查时,有逃跑、丢弃携带物品或者逃避、抗拒检查等行为,在其携带或者丢弃的物品中查获毒品的;(4)体内或者贴身隐秘处藏匿毒品的;(5)为获取不同寻常的高额、不等值报酬为他人携带、运输物品,从中查获毒品的;(6)采用高度隐蔽的方式携带、运输物品,从中查获毒品的;(7)采用高度隐蔽的方式交接物品,明显违背合法物品惯常交接方式,从中查获毒品的;(8)行程路线故意绕开检查站点,在其携带、运输的物品中查获毒品的;(9)以虚假身份或者地址办理托运手续,在其托运的物品中查获毒品的;(10)有其他证据足以认定行为人应当知道的。

十一、毒品案件的管辖问题

毒品犯罪的地域管辖,应当依照刑事诉讼法的有关规定,实行以犯罪地管辖为主、被告人居住地管辖为辅的原则。考虑到毒品犯罪的特殊性和毒品犯罪侦查体制,"犯罪地"不仅可以包括犯罪预谋地、毒资筹集地、交易进行地、运输途经地以及毒品生产地,也包括毒资、毒赃和毒品藏匿地、转移地、走私或者贩运毒品目的地等。"被告人居住地",不仅包括被告人常住地和户籍所在地,也包括其临时居住地。

对于已进入审判程序的案件,被告人及其辩护人提出管辖异议,经审查异议成立的，或者受案法院发现没有管辖权，而案件由本院管辖更适宜的，受案法院应当报请与有管辖权的法院共同的上级法院依法指定本院管辖。

十二、特定人员参与毒品犯罪问题

近年来，一些毒品犯罪分子为了逃避打击，雇佣孕妇、哺乳期妇女、急性传染病人、残疾人或者未成年人等特定人员进行毒品犯罪活动，成为影响我国禁毒工作成效的突出问题。对利用、教唆特定人员进行毒品犯罪活动的组织、策划、指挥和教唆者，要依法严厉打击，该判处重刑直至死刑的，坚决依法判处重刑直至死刑。对于被利用、被诱骗参与毒品犯罪的特定人员，可以从宽处理。

要积极与检察机关、公安机关沟通协调，妥善解决涉及特定人员的案件管辖、强制措施、刑罚执行等问题。对因特殊情况依法不予羁押的，可以依法采取取保候审、监视居住等强制措施，并根据被告人具体情况和案情变化及时变更强制措施；对于被判处有期徒刑或者拘役的罪犯，符合刑事诉讼法第二百一十四条规定情形的，可以暂予监外执行。

十三、毒品案件财产刑的适用和执行问题

刑法对毒品犯罪规定了并处罚金或者没收财产刑，司法实践中应当依法充分适用。不仅要依法追缴被告人的违法所得及其收益，还要严格依法判处被告人罚金刑或者没收财产刑，不能因为被告人没有财产，或者其财产难以查清、难以分割或者难以执行，就不依法判处财产刑。

要采取有力措施，加大财产刑执行力度。要加强与公安机关、检察机关的协作，对毒品犯罪分子来源不明的巨额财产，依法及时采取查封、扣押、冻结等措施，防止犯罪分子及其亲属转移、隐匿、变卖或者洗钱，逃避依法追缴。要加强不同地区法院之间的相互协作配合。毒品犯罪分子的财产在异地的，第一审人民法院可以委托财产所在地人民法院代为执行。要落实和运用有关国际禁毒公约规定，充分利用国际刑警组织等渠道，最大限度地做好境外追赃工作。

全国法院毒品犯罪审判工作座谈会纪要

（2015 年 5 月 18 日　法〔2015〕129 号）

为深入学习习近平总书记等中央领导同志关于禁毒工作的重要指示批示精神，贯彻落实《中共中央国务院关于加强禁毒工作的意见》和全国禁毒工作会议精神，进一步统一思想认识，提高毒品犯罪审判工作水平，推动人民法院禁毒工作取得更大成效，最高人民法院于 2014 年 12 月 11 日至 12 日在湖北省武汉市召开了全国法院毒品犯罪审判工作座谈会。出席会议的有各省、自治区、直辖市高级人民法院、解放军军事法院和新疆维吾尔自治区高级人民法院生产建设兵团分院主管刑事审判工作的副院长、刑事审判庭庭长及部分中级人民法院主管刑事审判工作的副院长。最高人民法院副院长李少平出席会议并讲话。

会议传达学习了中央对禁毒工作的一系列重大决策部署，总结了近年来人民法院禁毒工作取得的成绩和存在的问题，分析了当前我国毒品犯罪的总体形势和主要特点，明确了继续依法从严惩处毒品犯罪的审判指导思想，研究了毒品犯罪审判中遇到的若干法律适用问题，并对当前和今后一个时期人民法院的禁毒工作作出具体安排部署。现纪要如下：

一、关于进一步加强人民法院禁毒工作的总体要求

禁毒工作关系国家安危、民族兴衰和人民福祉，厉行禁毒是党和政府的一贯立场和坚决主张。近年来,在党中央的高度重视和坚强领导下,各地区、各有关部门按照国家禁毒委员会的统一部署,深入开展禁毒人民战争,全面落实综合治理措施,有效遏制了毒品问题快速发展蔓延的势头,禁毒工作取得了阶段性成效。2014 年 6 月,中央政治局常委会议、国务院常务会议分别听取禁毒工作专题汇报,习近平总书记、李克强总理分别对禁毒工作作出重要指示批示。中共中央、国务院首次印发了《关于加强禁毒工作的意见》,并下发了贯彻落实分工方案。国家禁毒委员会制定了《禁毒工作责任制》,并召开全国禁毒工作会议对全面加强禁毒工作作出部署。

依法审理毒品犯罪案件,积极参与禁毒工作是人民法院肩负的一项重要职责任务。长期以来,全国各级人民法院认真贯彻落实中央和国家禁毒委员会的决策部署,扎实履行刑事审判职责,坚持依法从严惩处毒品犯罪,大力加强禁毒法制建设,积极参与禁毒综合治理,各项工作均取得显著成效,为全面、深入推进禁毒工作提供了有力司法保障。同时,应当清醒地看到,受国际毒潮持续泛滥和国内多种因素影响,当前和今后一个时期,我国仍将处于毒品问题加速蔓延期、毒品犯罪高发多发期、毒品治理集中攻坚期,禁毒斗争形势严峻复杂,禁毒工作任务十分艰巨。加强禁毒工作,治理毒品问题,对深入推进平安中国、法治中国建设,维护国家长治久安,保障人民群众幸福安康,实现"两个一百年"奋斗目标和中华民族伟大复兴的中国梦,具有重要意义。各级人民法院要从维护重要战略机遇期国家安全和社会稳定的政治高度,充分认识毒品问题的严峻性、长期性和禁毒工作的艰巨性、复杂性,切实增强做好禁毒工作的责任感、使命感和紧迫感。要认真学习领会、坚决贯彻落实党中央对禁毒工作的一系列重大决策部署和全国禁毒工作会议精神,切实采取有力措施,进一步加强人民法院禁毒工作。

一是毫不动摇地坚持依法从严惩处毒品犯罪。充分发挥审判职能作用,依法运用刑罚惩治毒品犯罪,是治理毒品问题的重要手段,也是人民法院参与禁毒斗争的主要方式。面对严峻的毒品犯罪形势,各级人民法院要继续坚持依法从严惩处毒品犯罪的指导思想。要继续依法严惩走私、制造毒品和大宗贩卖毒品等源头性犯罪,严厉打击毒枭、职业毒犯、累犯、毒品再犯等主观恶性深、人身危险性大的毒品犯罪分子,该判处重刑和死刑的坚决依法判处。要加大对制毒物品犯罪、多次零包贩卖毒品、引诱、教唆、欺骗、强迫他人吸毒及非法持有毒品等犯罪的惩处力度,严惩向农村地区贩卖毒品及国家工作人员实施的毒品犯罪。要更加注重从经济上制裁毒品犯罪,依法追缴犯罪分子违法所得,充分适用罚金刑、没收财产刑并加大执行力度,依法从严惩处涉毒洗钱犯罪和为毒品犯罪提供资金的犯罪。要严厉打击因吸毒诱发的杀人、伤害、抢劫、以危险方法危害公共安全等次生犯罪。要规范和限制毒品犯罪的缓刑适用,从严把握毒品罪犯减刑条件,严格限制严重毒品罪犯假释,确保刑罚执行效果。同时,为全面发挥刑罚功能,也要贯彻好宽严相济刑事政策,突出打击重点,体现区别对待。对于罪行较轻,或者具有从犯、自首、立功、初犯等法定、酌定从宽处罚情节的毒品犯罪分子,根据罪刑相适应原则,依法给予从宽处罚,以分化瓦解毒品犯罪分子,预防和减少毒品犯罪。要牢牢把握案件质量这条生命线,既要考虑到毒品犯罪隐蔽性强、侦查取证难度大的现实情况,也要严格贯彻证据裁判原则,引导取证、举证工作围绕审判工作的要求展开,切实发挥每一级审判程序的职能作用,确保案件办理质量。对于拟判处被告人死刑的毒品犯罪案件,在证据质量上要始终坚持最高的标准和最严的要求。

二是深入推进毒品犯罪审判规范化建设。各级人民法院要结合审判工作实际,积极开展调查研究,不断总结经验,及时发现并解决审判中遇到的突出法律适用问题。各高、中级人民法院要加大审判指导力度,在做好毒品犯罪审判工作的同时,通过编发典型案例、召开工作座谈会等形式,不断提高辖区法院毒品犯罪审判工作水平。最高人民法院对于复核毒品犯罪死刑案件中发现的问题,要继续通过随案附函、集中通报、发布典型案例等形式,加强审判指导;对于毒品犯罪法律适用方面存在的突出问题,要适时制定司法解释或规范性文件，统一法律适用；对于需要与公安、检察机关共同解决的问题，要加强沟通、协调，必要时联合制发规范性文件；对于立法方面的问题，要继续提出相关立法建议，推动禁毒法律的修改完善。

三是不断完善毒品犯罪审判工作机制。各级人民法院要严格落实禁毒工作责任，按照《禁毒工作责任制》的要求和同级禁毒委员会的部署认真开展工作，将禁毒工作列入本单位整体工作规划，制定年度工作方案，抓好贯彻落实。要进一步加强专业审判机构建设，各高级人民法院要确定专门承担毒品犯罪审判指导任务的审判庭，毒品犯罪相对集中地区的高、中级人民法院可以根据当地实际和工作需要，探索确立专门承担毒品犯罪审判工作的合议庭或者审判庭。要建立健全业务学习、培训机制，通过举办业务培训班、组织交流研讨会等多种形式，不断提高毒品犯罪审判队伍专业化水平。要推动与相关职能部门建立禁毒长效合作机制，在中央层面和毒品犯罪集中地区建立公检法三机关打击毒品犯罪联席会议制度，探索建立重大毒品犯罪案件信息通报、反馈机制，提升打击毒品犯罪的合力。

四是加大参与禁毒综合治理工作力度。要充分利用有利时机集中开展禁毒宣传，最高人民法院和毒品犯罪高发地区的高级人民法院要将“6·26”国际禁毒日新闻发布会制度化，并利用网络、平面等媒体配合报道，向社会公众介绍人民法院毒品犯罪审判及禁毒综合治理工作情况，公布毒品犯罪典型案例。要加强日常禁毒法制宣传，充分利用审判资源优势，通过庭审直播、公开宣判、举办禁毒法制讲座、建立禁毒对象帮教制度、与社区、学校、团体建立禁毒协作机制等多种形式，广泛、深入地开展禁毒宣传教育活动。要突出宣传重点，紧紧围绕青少年群体和合成毒品滥用问题，有针对性地组织开展宣传教育工作，增强人民群众自觉抵制毒品的意识和能力。要延伸审判职能，针对毒品犯罪审判中发现的治安隐患和社会管理漏洞，及时向有关职能部门提出加强源头治理、强化日常管控的意见和建议，推动构建更为严密的禁毒防控体系。

二、关于毒品犯罪法律适用的若干具体问题

会议认为,2008 年印发的《全国部分法院审理毒品犯罪案件工作座谈会纪要》(以下简称《大连会议纪要》)较好地解决了办理毒品犯罪案件面临的一些突出法律适用问题,其中大部分规定在当前的审判实践中仍有指导意义,应当继续参照执行。同时,随着毒品犯罪形势的发展变化,近年来出现了一些新情况、新问题,需要加以研究解决。与会代表对审判实践中反映较为突出,但《大连会议纪要》没有作出规定,或者规定不尽完善的毒品犯罪法律适用问题进行了认真研究讨论,就下列问题取得了共识。

(一)罪名认定问题

贩毒人员被抓获后,对于从其住所、车辆等处查获的毒品,一般均应认定为其贩卖的毒品。确有证据证明查获的毒品并非贩毒人员用于贩卖,其行为另构成非法持有毒品罪、窝藏毒品罪等其他犯罪的,依法定罪处罚。

吸毒者在购买、存储毒品过程中被查获,没有证据证明其是为了实施贩卖毒品等其他犯罪,毒品数量达到刑法第三百四十八条规定的最低数量标准的,以非法持有毒品罪定罪处罚。吸毒者在运输毒品过程中被查获,没有证据证明其是为了实施贩卖毒品等其他犯罪,毒品数量达到较大以上的,以运输毒品罪定罪处罚。

行为人为吸毒者代购毒品,在运输过程中被查获,没有证据证明托购者、代购者是为了实施贩卖毒品等其他犯罪,毒品数量达到较大以上的,对托购者、代购者以运输毒品罪的共犯论处。行为人为他人代购仅用于吸食的毒品,在交通、食宿等必要开销之外收取"介绍费"、"劳务费",或者以贩卖为目的收取部分毒品作为酬劳的,应视为从中牟利,属于变相加价贩卖毒品,以贩卖毒品罪定罪处罚。

购毒者接收贩毒者通过物流寄递方式交付的毒品,没有证据证明其是为了实施贩卖毒品等其他犯罪,毒品数量达到刑法第三百四十八条规定的最低数量标准的,一般以非法持有毒品罪定罪处罚。代收者明知是物流寄递的毒品而代购毒者接收,没有证据证明其与购毒者有实施贩卖、运输毒品等犯罪的共同故意，毒品数量达到刑法第三百四十八条规定的最低数量标准的，对代收者以非法持有毒品罪定罪处罚。

行为人利用信息网络贩卖毒品、在境内非法买卖用于制造毒品的原料或者配剂、传授制造毒品等犯罪的方法，构成贩卖毒品罪、非法买卖制毒物品罪、传授犯罪方法罪等犯罪的，依法定罪处罚。行为人开设网站、利用网络聊天室等组织他人共同吸毒，构成引诱、教唆、欺骗他人吸毒罪等犯罪的，依法定罪处罚。

（二）共同犯罪认定问题

办理贩卖毒品案件，应当准确认定居间介绍买卖毒品行为，并与居中倒卖毒品行为相区别。居间介绍者在毒品交易中处于中间人地位，发挥介绍联络作用，通常与交易一方构成共同犯罪，但不以牟利为要件；居中倒卖者属于毒品交易主体，与前后环节的交易对象是上下家关系，直接参与毒品交易并从中获利。居间介绍者受贩毒者委托，为其介绍联络购毒者的，与贩毒者构成贩卖毒品罪的共同犯罪；明知购毒者以贩卖为目的购买毒品，受委托为其介绍联络贩毒者的，与购毒者构成贩卖毒品罪的共同犯罪；受以吸食为目的的购毒者委托，为其介绍联络贩毒者，毒品数量达到刑法第三百四十八条规定的最低数量标准的，一般与购毒者构成非法持有毒品罪的共同犯罪；同时与贩毒者、购毒者共谋，联络促成双方交易的，通常认定与贩毒者构成贩卖毒品罪的共同犯罪。居间介绍者实施为毒品交易主体提供交易信息、介绍交易对象等帮助行为，对促成交易起次要、辅助作用的，应当认定为从犯；对于以居间介绍者的身份介入毒品交易，但在交易中超出居间介绍者的地位，对交易的发起和达成起重要作用的被告人，可以认定为主犯。

两人以上同行运输毒品的，应当从是否明知他人带有毒品，有无共同运输毒品的意思联络，有无实施配合、掩护他人运输毒品的行为等方面综合审查认定是否构成共同犯罪。受雇于同一雇主同行运输毒品，但受雇者之间没有共同犯罪故意，或者虽然明知他人受雇运输毒品,但各自的运输行为相对独立,既没有实施配合、掩护他人运输毒品的行为,又分别按照各自运输的毒品数量领取报酬的,不应认定为共同犯罪。受雇于同一雇主分段运输同一宗毒品,但受雇者之间没有犯罪共谋的,也不应认定为共同犯罪。雇用他人运输毒品的雇主,及其他对受雇者起到一定组织、指挥作用的人员,与各受雇者分别构成运输毒品罪的共同犯罪,对运输的全部毒品数量承担刑事责任。

(三)毒品数量认定问题

走私、贩卖、运输、制造、非法持有两种以上毒品的,可以将不同种类的毒品分别折算为海洛因的数量,以折算后累加的毒品总量作为量刑的根据。对于刑法、司法解释或者其他规范性文件明确规定了定罪量刑数量标准的毒品,应当按照该毒品与海洛因定罪量刑数量标准的比例进行折算后累加。对于刑法、司法解释及其他规范性文件没有规定定罪量刑数量标准,但《非法药物折算表》规定了与海洛因的折算比例的毒品,可以按照《非法药物折算表》折算为海洛因后进行累加。对于既未规定定罪量刑数量标准,又不具备折算条件的毒品,综合考虑其致瘾癖性、社会危害性、数量、纯度等因素依法量刑。在裁判文书中,应当客观表述涉案毒品的种类和数量,并综合认定为数量大、数量较大或者少量毒品等,不明确表述将不同种类毒品进行折算后累加的毒品总量。

对于未查获实物的甲基苯丙胺片剂(俗称"麻古"等)、MDMA片剂(俗称"摇头丸")等混合型毒品,可以根据在案证据证明的毒品粒数,参考本案或者本地区查获的同类毒品的平均重量计算出毒品数量。在裁判文书中,应当客观表述根据在案证据认定的毒品粒数。

对于有吸毒情节的贩毒人员,一般应当按照其购买的毒品数量认定其贩卖毒品的数量,量刑时酌情考虑其吸食毒品的情节;购买的毒品数量无法查明的,按照能够证明的贩卖数量及查获的毒品数量认定其贩毒数量;确有证据证明其购买的部分毒品并非用于贩卖的,不应计入其贩毒数量。

办理毒品犯罪案件,无论毒品纯度高低,一般均应将查证属实的毒品数量认定为毒品犯罪的数量,并据此确定适用的法定刑幅度,但司法解释另有规定或者为了隐蔽运输而临时改变毒品常规形态的除外。涉案毒品纯度明显低于同类毒品的正常纯度的,量刑时可以酌情考虑。

制造毒品案件中,毒品成品、半成品的数量应当全部认定为制造毒品的数量,对于无法再加工出成品、半成品的废液、废料则不应计入制造毒品的数量。对于废液、废料的认定,可以根据其毒品成分的含量、外观形态,结合被告人对制毒过程的供述等证据进行分析判断,必要时可以听取鉴定机构的意见。

(四)死刑适用问题

当前,我国毒品犯罪形势严峻,审判工作中应当继续坚持依法从严惩处毒品犯罪的指导思想,充分发挥死刑对于预防和惩治毒品犯罪的重要作用。要继续按照《大连会议纪要》的要求,突出打击重点,对罪行极其严重、依法应当判处死刑的被告人,坚决依法判处。同时,应当全面、准确贯彻宽严相济刑事政策,体现区别对待,做到罚当其罪,量刑时综合考虑毒品数量、犯罪性质、情节、危害后果、被告人的主观恶性、人身危险性及当地的禁毒形势等因素,严格审慎地决定死刑适用,确保死刑只适用于极少数罪行极其严重的犯罪分子。

1. 运输毒品犯罪的死刑适用

对于运输毒品犯罪,应当继续按照《大连会议纪要》的有关精神,重点打击运输毒品犯罪集团首要分子,组织、指使、雇用他人运输毒品的主犯或者毒枭、职业毒犯、毒品再犯,以及具有武装掩护运输毒品、以运输毒品为业、多次运输毒品等严重情节的被告人,对其中依法应当判处死刑的,坚决依法判处。

对于受人指使、雇用参与运输毒品的被告人,应当综合考虑毒品数量、犯罪次数、犯罪的主动性和独立性、在共同犯罪中的地位作用、获利程度和方式及其主观恶性、人身危险性等因素,予以区别对待,慎重适用死刑。对于有证据证明确属受人指使、雇用运输毒品,又系初犯、偶犯的被告人,即使毒品数量超过实际掌握的死刑数量标准,也可以不判处死刑;尤其对于其中被动参与犯罪,从属性、辅助性较强,获利程度较低的被告人,一般不应当判处死刑。对于不能排除受人指使、雇用初次运输毒品的被告人,毒品数量超过实际掌握的死刑数量标准,但尚不属数量巨大的,一般也可以不判处死刑。

一案中有多人受雇运输毒品的,在决定死刑适用时,除各被告人运输毒品的数量外,还应结合其具体犯罪情节、参与犯罪程度、与雇用者关系的紧密性及其主观恶性、人身危险性等因素综合考虑,同时判处二人以上死刑要特别慎重。

2. 毒品共同犯罪、上下家犯罪的死刑适用

毒品共同犯罪案件的死刑适用应当与该案的毒品数量、社会危害及被告人的犯罪情节、主观恶性、人身危险性相适应。涉案毒品数量刚超过实际掌握的死刑数量标准,依法应当适用死刑的,要尽量区分主犯间的罪责大小,一般只对其中罪责最大的一名主犯判处死刑;各共同犯罪人地位作用相当,或者罪责大小难以区分的,可以不判处被告人死刑;二名主犯的罪责均很突出,且均具有法定从重处罚情节的,也要尽可能比较其主观恶性、人身危险性方面的差异,判处二人死刑要特别慎重。涉案毒品数量达到巨大以上,二名以上主犯的罪责均很突出,或者罪责稍次的主犯具有法定、重大酌定从重处罚情节,判处二人以上死刑符合罪刑相适应原则,并有利于全案量刑平衡的,可以依法判处。

对于部分共同犯罪人未到案的案件,在案被告人与未到案共同犯罪人均属罪行极其严重,即使共同犯罪人到案也不影响对在案被告人适用死刑的,可以依法判处在案被告人死刑;在案被告人的罪行不足以判处死刑,或者共同犯罪人归案后全案只宜判处其一人死刑的,不能因为共同犯罪人未到案而对在案被告人适用死刑;在案被告人与未到案共同犯罪人的罪责大小难以准确认定,进而影响准确适用死刑的,不应对在案被告人判处死刑。

对于贩卖毒品案件中的上下家,要结合其贩毒数量、次数及对象

范围,犯罪的主动性,对促成交易所发挥的作用,犯罪行为的危害后果等因素,综合考虑其主观恶性和人身危险性,慎重、稳妥地决定死刑适用。对于买卖同宗毒品的上下家,涉案毒品数量刚超过实际掌握的死刑数量标准的,一般不能同时判处死刑;上家主动联络销售毒品,积极促成毒品交易的,通常可以判处上家死刑;下家积极筹资,主动向上家约购毒品,对促成毒品交易起更大作用的,可以考虑判处下家死刑。涉案毒品数量达到巨大以上的,也要综合上述因素决定死刑适用,同时判处上下家死刑符合罪刑相适应原则,并有利于全案量刑平衡的,可以依法判处。

一案中有多名共同犯罪人、上下家针对同宗毒品实施犯罪的,可以综合运用上述毒品共同犯罪、上下家犯罪的死刑适用原则予以处理。

办理毒品犯罪案件,应当尽量将共同犯罪案件或者密切关联的上下游案件进行并案审理;因客观原因造成分案处理的,办案时应当及时了解关联案件的审理进展和处理结果,注重量刑平衡。

3. 新类型、混合型毒品犯罪的死刑适用

甲基苯丙胺片剂(俗称“麻古”等)是以甲基苯丙胺为主要毒品成分的混合型毒品,其甲基苯丙胺含量相对较低,危害性亦有所不同。为体现罚当其罪,甲基苯丙胺片剂的死刑数量标准一般可以按照甲基苯丙胺(冰毒)的 2 倍左右掌握,具体可以根据当地的毒品犯罪形势和涉案毒品含量等因素确定。

涉案毒品为氯胺酮(俗称“K 粉”)的,结合毒品数量、犯罪性质、情节及危害后果等因素,对符合死刑适用条件的被告人可以依法判处死刑。综合考虑氯胺酮的致瘾癖性、滥用范围和危害性等因素,其死刑数量标准一般可以按照海洛因的 10 倍掌握。

涉案毒品为其他滥用范围和危害性相对较小的新类型、混合型毒品的,一般不宜判处被告人死刑。但对于司法解释、规范性文件明确规定了定罪量刑数量标准,且涉案毒品数量特别巨大,社会危害大,不判处死刑难以体现罚当其罪的,必要时可以判处被告人死刑。

（五）缓刑、财产刑适用及减刑、假释问题

对于毒品犯罪应当从严掌握缓刑适用条件。对于毒品再犯，一般不得适用缓刑。对于不能排除多次贩毒嫌疑的零包贩毒被告人，因认定构成贩卖毒品等犯罪的证据不足而认定为非法持有毒品罪的被告人，实施引诱、教唆、欺骗、强迫他人吸毒犯罪及制毒物品犯罪的被告人，应当严格限制缓刑适用。

办理毒品犯罪案件，应当依法追缴犯罪分子的违法所得，充分发挥财产刑的作用，切实加大对犯罪分子的经济制裁力度。对查封、扣押、冻结的涉案财物及其孳息，经查确属违法所得或者依法应当追缴的其他涉案财物的，如购毒款、供犯罪所用的本人财物、毒品犯罪所得的财物及其收益等，应当判决没收，但法律另有规定的除外。判处罚金刑时，应当结合毒品犯罪的性质、情节、危害后果及被告人的获利情况、经济状况等因素合理确定罚金数额。对于决定并处没收财产的毒品犯罪，判处被告人有期徒刑的，应当按照上述确定罚金数额的原则确定没收个人部分财产的数额；判处无期徒刑的，可以并处没收个人全部财产；判处死缓或者死刑的，应当并处没收个人全部财产。

对于具有毒枭、职业毒犯、累犯、毒品再犯等情节的毒品罪犯，应当从严掌握减刑条件，适当延长减刑起始时间、间隔时间，严格控制减刑幅度，延长实际执行刑期。对于刑法未禁止假释的前述毒品罪犯，应当严格掌握假释条件

（六）累犯、毒品再犯问题

累犯、毒品再犯是法定从重处罚情节，即使本次毒品犯罪情节较轻，也要体现从严惩处的精神。尤其对于曾因实施严重暴力犯罪被判刑的累犯、刑满释放后短期内又实施毒品犯罪的再犯，以及在缓刑、假释、暂予监外执行期间又实施毒品犯罪的再犯，应当严格体现从重处罚。

对于因同一毒品犯罪前科同时构成累犯和毒品再犯的被告人，在裁判文书中应当同时引用刑法关于累犯和毒品再犯的条款，但在

量刑时不得重复予以从重处罚。对于因不同犯罪前科同时构成累犯和毒品再犯的被告人,量刑时的从重处罚幅度一般应大于前述情形。

（七）非法贩卖麻醉药品、精神药品行为的定性问题

行为人向走私、贩卖毒品的犯罪分子或者吸食、注射毒品的人员贩卖国家规定管制的能够使人形成瘾癖的麻醉药品或者精神药品的,以贩卖毒品罪定罪处罚。

行为人出于医疗目的,违反有关药品管理的国家规定,非法贩卖上述麻醉药品或者精神药品,扰乱市场秩序,情节严重的,以非法经营罪定罪处罚。

三、典 型 案 例

最高人民法院发布毒品犯罪及涉毒次生犯罪典型案例

（2018 年 6 月 26 日）

案例 1

何信泽制造毒品案

——制造毒品数量巨大，罪行极其严重

（一）基本案情

被告人何信泽，男，汉族，1976 年 10 月 29 日出生，农民。

被告人何信泽住四川省金堂县赵镇现代名都小区。2013 年 9 月 11 日，何信泽指使妻子租赁该镇维罗纳小区 10 幢 2 单元 903 室，并在该处制造毒品。同年 10 月 31 日，公安人员在何信泽家中将其抓获，当场查获甲基苯丙胺（冰毒）3.7 万余克。随后，公安人员从上述维罗纳小区 903 室查获甲基苯丙胺 220 余克、含甲基苯丙胺成分的固体 5800 余克、液体 2.5 万余克，并查获一批制毒原料和工具。公安人员还从何信泽的制毒场所查获手枪 1 支、子弹 7 发，从其住处查获子弹 2 发。

（二）裁判结果

本案由四川省成都市中级人民法院一审，四川省高级人民法院二审。最高人民法院对本案进行了死刑复核。

法院认为，被告人何信泽制造甲基苯丙胺的行为已构成制造毒品罪；何信泽违反枪支管理规定，非法持有枪支的行为又构成非法持有枪支罪。何信泽制造毒品数量巨大，社会危害大，还非法持有枪支，主观恶性深，罪行极其严重，应依法惩处。对何信泽所犯数罪，应依法并罚。据此，依法对被告人何信泽判处并核准死刑，剥夺政治权利终身，并处没收个人全部财产。

罪犯何信泽已于2017年12月7日被依法执行死刑。

（三）典型意义

近年来，随着以甲基苯丙胺为代表的合成毒品在我国滥用人数的不断增长，国内制造合成毒品犯罪呈加剧之势，个别地区制造甲基苯丙胺犯罪突出。本案就是一起典型的制造甲基苯丙胺犯罪案件。被告人何信泽在承租房内制造甲基苯丙胺，从其住处和制毒场所查获的甲基苯丙胺成品数量达3.7万余克，还查获含甲基苯丙胺成分的固体、液体共计3万余克，何信泽另非法持有枪支，其行为具有严重的社会危害性。人民法院根据何信泽犯罪的事实、性质和具体情节，依法对其判处死刑，体现了对制造毒品这类源头性毒品犯罪的严厉惩处，充分发挥了刑罚的威慑作用。

案例2

刘帮贩卖、运输毒品案

——利用信息网络、通过快递方式贩卖、运输毒品数量大，且系毒品再犯，罪行极其严重

（一）基本案情

被告人刘帮，男，汉族，1984年9月1日出生，无业。2012年11月6日因犯贩卖毒品罪被判处拘役五个月，并处罚金人民币一千元，2013年1月24日刑满释放。

2014年6月27日16时许，被告人刘帮到广东省广州市某快递公司，化名李波将一个纸盒寄往山东省烟台市。刘帮离开后，快递公司工作人员认为该快递件可疑，遂报警。公安人员当日从上述纸盒中查获甲基苯丙胺（冰毒）约600克。

2014年9月初，被告人刘帮通过QQ、微信等方式与山东省招远市的孟祥霖（已另案判刑）商定，以每克35元的价格卖给孟祥霖甲基苯丙胺2000克。孟祥霖向刘帮提供的账户汇款6万余元后，刘帮从广州市将装有甲基苯丙胺的包裹快递给孟祥霖。同月25日，孟祥霖到招远市某快递公司收取上述包裹时被抓获，公安人员当场查获包裹内的甲基苯丙胺2000余克。

2014年10月20日左右，被告人刘帮通过QQ、微信等方式与山东省胶州市的陈晓宇（同案被告人，已判刑）商定，以1.05万元的价格卖给陈晓宇甲基苯丙胺100克、甲基苯丙胺片剂（俗称“麻古”）100粒。同月23日，刘帮通过某快递公司将装有毒品的包裹从广州市寄给陈晓宇。同月26日，陈晓宇的妻子领取上述包裹后带回家中交给陈晓宇。同月27日17时许，公安人员在广州市番禺区刘帮租住处楼下将刘帮抓获，并在其租住处查获甲基苯丙胺2100余克、甲基苯丙胺片剂280余克；在番禺区刘帮的另一租住处查获含甲基苯丙胺成分

的粉末22.5克。

(二)裁判结果

本案由山东省青岛市中级人民法院一审,山东省高级人民法院二审。最高人民法院对本案进行了死刑复核。

法院认为,被告人刘帮非法贩卖、运输甲基苯丙胺、甲基苯丙胺片剂,其行为已构成贩卖、运输毒品罪。刘帮多次以快递方式跨省贩卖、运输毒品数量大,社会危害大,罪行极其严重;刘帮曾因犯贩卖毒品罪被判刑,刑满释放后仅一年多又犯贩卖、运输毒品罪,系毒品再犯,应当从重处罚。据此,依法对被告人刘帮判处并核准死刑,剥夺政治权利终身,并处没收个人全部财产。

罪犯刘帮已于2018年6月22日被依法执行死刑。

(三)典型意义

利用信息网络和电子商务平台实施毒品犯罪,是当前毒品犯罪的新动向,物流配送的便捷性又加速了毒品从毒源地向其他省份扩散。一些不法分子利用信息网络和物流配送覆盖面广、易隐瞒真实身份等特点,通过QQ、微信等方式联系商定毒品交易,以快递方式寄送毒品,此类案件在实践中时有发生。本案被告人刘帮通过QQ、微信等方式与他人联系商定毒品交易,再将毒品快递给对方,共计贩卖、运输5000余克甲基苯丙胺及片剂,社会危害大,且其属于毒品再犯,主观恶性深。人民法院根据刘帮犯罪的事实、性质及其系毒品再犯等情节,对其判处死刑,体现了对此类犯罪的从严惩处。

案例3

龚金洪故意杀人案

——吸毒后持菜刀砍死2名未成年子女,罪行极其严重

(一)基本案情

被告人龚金洪,男,汉族,1982年8月23日出生,农民。

被告人龚金洪长期吸食毒品。2015 年 6 月 8 日，龚金洪在广东省清远市清城区龙塘镇文丰村家中吸食甲基苯丙胺（冰毒）后产生幻想、猜疑，当晚与妻子发生争吵，妻子遂离家外出。次日凌晨，龚金洪持菜刀进入其儿女卧室，朝正在熟睡的女儿龚某甲（被害人，殁年 11 岁）、儿子龚某乙（被害人，殁年 9 岁）的头颈部等处猛砍，致二人死亡。后龚金洪走上自家楼顶，跳楼跌落至院内，被人送往医院抢救，并被公安人员抓获。

（二）裁判结果

本案由广东省清远市中级人民法院一审，广东省高级人民法院二审。最高人民法院对本案进行了死刑复核。

法院认为，被告人龚金洪故意非法剥夺他人生命，其行为已构成故意杀人罪。龚金洪吸毒后持菜刀砍死自己的 2 名未成年子女，犯罪情节恶劣，手段残忍，后果和罪行极其严重，应依法惩处。据此，依法对被告人龚金洪判处并核准死刑，剥夺政治权利终身。

罪犯龚金洪已于 2018 年 3 月 22 日被依法执行死刑。

（三）典型意义

合成毒品具有中枢神经兴奋、致幻等作用，会使吸毒者出现兴奋、狂躁、幻视、幻听、被害妄想等症状，进而导致其自伤自残或实施暴力犯罪。近年来，因吸毒诱发的故意杀人、故意伤害、驾车肇事等恶性案件屡有发生，严重危害社会治安，教训十分深刻。本案就是一起因吸毒诱发的故意杀人犯罪典型案例。被告人龚金洪长期吸食毒品，并出现吸毒导致的幻想等症状；龚金洪的妻子亦证实龚金洪近年来吸毒后有幻觉和暴力行为。案发当日，龚金洪两次吸食冰毒，与妻子发生争吵后竟持菜刀砍死熟睡中的 2 名未成年子女，犯罪情节恶劣，手段残忍。该案充分反映出毒品对个人、家庭和社会的严重危害，尤其值得吸毒者深刻警醒。

案例 4

孙小芳走私、贩卖毒品案

——走私、贩卖国家管制的新精神活性物质,依法惩处

(一)基本案情

被告人孙小芳,女,汉族,1981 年 12 月 2 日出生,经商。

2016 年 3 月,被告人孙小芳明知“4 - 氯甲卡西酮”(4 - CMC)被国家有关部门管制,仍以向境外走私、贩卖为目的,通过互联网购买约 20 公斤“4 - 氯甲卡西酮”,并安排他人分批次邮寄给境外客户。上述由孙小芳安排发往境外的邮包中,有 17 批次检出“4 - 氯甲卡西酮”成分,共计 15 854.43 克。

(二)裁判结果

本案由江苏省常州市中级人民法院审理。

法院认为,被告人孙小芳明知“4 - 氯甲卡西酮”已被国家管制,仍从国内购买后向境外贩卖,其行为已构成走私、贩卖毒品罪。孙小芳归案后如实供述犯罪事实,可以从轻处罚。据此,依法对被告人孙小芳判处有期徒刑十五年,剥夺政治权利五年,并处没收个人财产人民币十万元。

宣判后,在法定期限内没有上诉、抗诉,上述裁判已于 2017 年 11 月 7 日发生法律效力。

(三)典型意义

本案所涉毒品“4 - 氯甲卡西酮”是一种新精神活性物质。新精神活性物质通常是不法分子为逃避打击而对管制毒品进行化学结构修饰所得到的毒品类似物,具有与管制毒品相似或更强的兴奋、致幻、麻醉等效果。为加强对新精神活性物质的管制,2015 年国家相关部门制定了《非药用类麻醉药品和精神药品列管办法》,对新精神活性物质进行列举式管制,所有被列管的物质均属于毒品。被告人孙

小芳走私、贩卖“4－氯甲卡西酮”数量大，人民法院根据此类毒品的性质、孙小芳犯罪的具体情节，依法对其判处相应刑罚。

案例5

石小美贩卖毒品案

——贩卖毒品“神仙水”数量大，依法惩处

（一）基本案情

被告人石小美，女，壮族，1988年10月1日出生，无业。

2016年8月4日23时许，被告人石小美向吸毒人员罗某、甘某某出售5瓶“神仙水”，价格为500元。次日下午公安人员从罗某驾驶的轿车内查获上述“神仙水”，净重共计49.75克，经鉴定均未检测出毒品成分。同月8日下午，石小美在一宾馆内又向罗某、甘某某出售20瓶“神仙水”，被公安人员当场抓获。经鉴定，上述20瓶“神仙水”净重共计396.52克，均检出甲基苯丙胺（冰毒）及氯胺酮（俗称“K粉”）成分。

（二）裁判结果

本案由广西壮族自治区来宾市兴宾区人民法院审理。

法院认为，被告人石小美明知是毒品而贩卖，其行为已构成贩卖毒品罪。石小美第一次贩卖给罗某的“神仙水”系假毒品，其行为属贩卖毒品未遂；第二次贩卖给罗某、甘某某含甲基苯丙胺、氯胺酮成分的液体毒品数量大，应依法惩处。石小美归案后如实供述犯罪事实，可以从轻处罚。据此，依法对被告人石小美判处有期徒刑十五年，剥夺政治权利二年，并处没收个人财产人民币五千元。

宣判后，在法定期限内没有上诉、抗诉，上述裁判已于2017年8月6日发生法律效力。

（三）典型意义

“神仙水”是近年来出现的一种混合型液体毒品，常含有甲基苯丙胺、氯胺酮等不同毒品成分，服用后会导致暂时性失忆，甚至出现幻觉，严重的会导致死亡。被告人石小美贩卖含甲基苯丙胺、氯胺酮成分的“神仙水”约400克，人民法院根据其犯罪的事实和具体情节，依法判处相应刑罚。

案例6

曾金华等非法生产制毒物品案

——非法生产麻黄碱，情节特别严重，依法惩处

（一）基本案情

被告人曾金华，男，汉族，1979年11月8日出生，务工人员。

被告人吴林宝，男，汉族，1981年10月14日出生，工人。

被告人刘贵余，男，汉族，1982年5月12日出生，工人。

被告人曾祥胜，男，汉族，1971年7月10日出生，工人。

2015年10月至2016年1月间，被告人曾金华、曾祥胜、吴林宝、刘贵余等人先后在山东省兰陵县大仲村镇车庄村、临沂高新技术产业开发区马厂湖镇武德村租用厂房，并从临沂市化工市场及湖北省武汉市等地购买溴代苯丙酮、二甲苯、盐酸等原材料，在上述厂房内分别生产麻黄碱共计约2000余千克，其中在临沂高新技术产业开发区生产的976余千克麻黄碱被查获。

（二）裁判结果

本案由山东省临沂高新技术产业开发区人民法院一审，山东省临沂市中级人民法院二审。

法院认为，被告人曾金华、曾祥胜、吴林宝、刘贵余违反国家规定，非法生产用于制造毒品的原料，情节特别严重，其行为均构成非

法生产制毒物品罪。在共同犯罪中，曾金华组织、策划全部犯罪行为，系主犯，应当按照其所组织和参与的全部犯罪处罚；曾祥胜、吴林宝、刘贵余均起次要作用，系从犯，应当从轻处罚。吴林宝、刘贵余如实供述自己及同案犯的罪行，可以从轻处罚。据此，依法对被告人曾金华、曾祥胜、吴林宝、刘贵余分别判处有期徒刑十二年、九年六个月、八年、八年，分别并处罚金人民币二十万元、十五万元、十四万元、十万元。

上述裁判已于2018年1月24日发生法律效力。

（三）典型意义

近年来国内制造毒品犯罪形势较为严峻，与此相应，非法生产麻黄碱、羟亚胺、邻酮等制毒原料的犯罪案件频发。为从源头上遏制制毒物品犯罪，2015年11月1日起施行的《刑法修正案（九）》完善了制毒物品犯罪的规定，增设了非法生产、运输制毒物品罪，并提高了法定刑。本案是一起比较典型的非法生产麻黄碱的案件。麻黄碱是制造甲基苯丙胺的主要原料。被告人曾金华等人明知麻黄碱属于制毒物品，为牟取暴利而非法生产，数量达2000余千克，属于情节特别严重，应当判处七年以上有期徒刑。人民法院根据曾金华等人犯罪的事实和具体情节，依法判处相应刑罚。

案例7

徐福妙非法种植毒品原植物案

——非法种植罂粟数量较大，依法惩处

（一）基本案情

被告人徐福妙，男，汉族，1967年9月6日出生，无业。2003年6月3日因犯合同诈骗罪被判处有期徒刑十二年，并处罚金人民币十万元，2009年7月3日因病被暂予监外执行，2015年8月26日刑罚执行完毕。

2016年年底,被告人徐福妙在浙江省永嘉县桥下镇徐山村一处田地种植罂粟。2017年4月8日,公安人员在上述地点查获该批罂粟,经清点、鉴定,共计2243株。在附近务农的徐福妙在接受公安人员排查性询问时主动交代罂粟系其种植。

(二)裁判结果

本案由浙江省永嘉县人民法院审理。

法院认为,被告人徐福妙非法种植毒品原植物罂粟,数量较大,其行为已构成非法种植毒品原植物罪。徐福妙曾因故意犯罪被判处有期徒刑,在刑罚执行完毕后五年内再次故意犯应当判处有期徒刑以上刑罚之罪,系累犯,应当从重处罚。徐福妙具有自首情节,可以从轻处罚。据此,依法对被告人徐福妙判处有期徒刑二年,并处罚金人民币八千元。

宣判后,在法定期限内没有上诉、抗诉,上述裁判已于2017年7月30日发生法律效力。

(三)典型意义

刑法第三百五十一条规定,非法种植罂粟500株以上的,即构成非法种植毒品原植物罪,应当判处五年以下有期徒刑、拘役或者管制,并处罚金。本案被告人徐福妙非法种植罂粟达2243株,人民法院根据其犯罪的事实及具有累犯、自首等情节,依法判处刑罚,对此类非法种植毒品原植物行为具有重要警示作用。

案例8

袁为国贩卖、运输毒品案

——为准确查明事实,通知侦查人员、鉴定人等出庭作证

(一)基本案情

被告人袁为国,男,汉族,1974年9月10日出生,无业。

2016年5月至6月10日间,被告人袁为国在江苏省射阳县分4次向刘某某出售甲基苯丙胺(冰毒)共20克,收取毒资8600元。同年6月上旬,袁为国在江苏省盐城市亭湖区分2次向吴某某出售甲基苯丙胺共1克,收取毒资400元。同月11日,袁为国驾车至盐城市亭湖区一小区附近,欲向他人出售甲基苯丙胺时被抓获,公安人员当场从其车内查获甲基苯丙胺2.6克,并从车旁管道内查获其事先藏匿的甲基苯丙胺243.7克。

(二)裁判结果

本案由江苏省盐城经济技术开发区人民法院一审,江苏省盐城市中级人民法院二审。

法院认为,被告人袁为国明知是毒品而贩卖、运输,其行为已构成贩卖、运输毒品罪。袁为国贩卖、运输毒品数量大,应依法惩处。据此,依法对被告人袁为国判处有期徒刑十五年,剥夺政治权利五年,并处没收个人财产人民币十万元。

上述裁判已于2018年1月11日发生法律效力。

(三)典型意义

毒品犯罪隐蔽性较强,一些犯罪分子为逃避打击,常将准备交易的毒品藏于隐蔽处,这种"人货分离"的方式给认定查获的毒品是否属于犯罪分子所持有、控制带来一定难度。本案就是一起较为典型的"人货分离"案件。涉案主要毒品系在被告人袁为国所驾驶汽车附近的管道内查获,袁为国在一审中辩称该批毒品非其所有。为准确查明案情,人民法院依法通知参与侦破本案的侦查人员周某某、曹某、鉴定人陈某某及有关证人出庭作证。通过庭审查明袁为国被抓获、毒品被查获的过程,确认从毒品外包装袋上检出的是袁为国的DNA。上述人员出庭作证体现了以审判为中心的刑事诉讼制度改革的要求,是落实庭审实质化的具体举措,对准确查明案件事实、确保司法公正具有重要现实意义。

最高人民检察院发布检察机关依法惩治毒品犯罪典型案例

（2018 年 6 月 26 日）

追诉案例之一

王慧娜等人贩卖毒品、王优生贩卖、运输毒品、故意伤害案

一、基本案情

河南省人民检察院在审查被告人李景瀛、王镇南、李季贩卖毒品上诉案过程中，发现毒品上家及毒品来源未能查清。通过要求公安机关补充侦查提取了李景瀛等人的手机通话、短信记录等证据，显示案发当天王镇南多次同“王小猴”联系交易毒品。经再次提审，王交代出上家“王小猴”的真实姓名为王慧娜，贩毒成员还有“茜茜”、“清亮”、“二孩”等人。为尽快抓获相关嫌疑人，检察机关建议公安机关对王慧娜等人立案侦查。检察官会同侦查人员到看守所，让王镇南从近百人的照片中辨认出王慧娜，掌握了王慧娜的准确信息，并迅速将其抓捕到案。后又二次到当地跟踪督查，经过调查走访平顶山市两个戒毒所，接触近百名吸毒、戒毒人员，终于查清“茜茜”等三人的真实身份为王玉琳、许清亮和郑龙非，后王玉琳、许清亮被抓获归案。

经查,2014 年 5 月,王慧娜带领被告人李景瀛、李季、王镇南,向郑龙非购买甲基苯丙胺 685.69 克,向王玉琳、许清亮购买甲基苯丙胺 1500 克。

审查中还发现,案卷中王镇南的一份讯问笔录显示,其曾向“永胜”购买毒品。经调查,“永胜”真实姓名是王优生。检察机关向公安机关发出通报,并派员前往当地现场协调查办,建议对王优生犯罪问题开展调查。在抓捕王优生时,提前介入侦查的检察官及时建议对从王住处搜出的毒品包装物进行生物物证检验。经鉴定,该毒品包装袋上提取的两枚指纹系王优生左手食指、拇指所留,有力证实了毒品系王优生所有。鉴于王优生拒不供认犯罪,检察机关建议运用大数据系统查询王优生行踪,发现其多次往返于平顶山、北京之间,并有大额银行转款记录,经与北京市公安机关协调,查清其向北京下家贩卖、运输毒品甲基苯丙胺 1625.43 克、氯胺酮 2.58 克。另查明其故意伤害致人轻伤的犯罪事实。

2016 年 9 月 28 日,河南省平顶山市中级人民法院分别以贩卖毒品罪判处王慧娜、王玉琳无期徒刑,判处许清亮有期徒刑十五年。2017 年 8 月 25 日,平顶山市中级人民法院以贩卖、运输毒品罪、故意伤害罪数罪并罚判处王优生死刑,缓期二年执行。

经公安机关上网追逃,于 2017 年 5 月将郑龙非抓获归案,根据郑龙非的交代,又抓获了其毒品上家宋某某。

二、典型意义

毒品犯罪的隐蔽性较强,上下家之间一般以绰号相称,真实身份往往难以查清,给依法严惩大宗贩卖毒品等源头性犯罪造成困难。实践中,部分毒品犯罪案件也因此未能深挖细查,打击上下家等关联犯罪。检察机关在办理本案时,没有就案办案,而是主动监督,根据蛛丝马迹,深挖关联犯罪,并通过引导侦查取证,跟踪监督,锲而不舍,历时三年多时间,成功追诉多名漏犯及相关漏罪。

追诉案例之二

周瑜、杨占华贩卖毒品案

一、基本案情

被告人杨占华因贩卖毒品一审被判处死刑，2015 年 2 月浙江省人民检察院在审查其上诉案过程中，发现杨占华租住在简陋的民房中，银行卡平时仅有小额资金出入，从其经济状况分析，不像是贩卖大量毒品的主犯；从其手机通话记录看，杨占华与其供称是同案犯的罗时应仅联系一次，而跟周瑜联系非常频繁，初步判断杨占华可能受周瑜指使贩卖毒品。检察官反复审查了相关材料，发现周瑜在通话中指使杨占华放置毒品，并谈论毒品剩余情况。经再次提审杨占华，展示相关证据，杨占华交代其系受周瑜指使贩卖毒品，一审阶段之所以编造罗时应是幕后主犯，主要是考虑其和周瑜二人是同乡，情同手足，想为周瑜隐瞒、承担罪责。此外，杨占华又交代了一起受周瑜指使贩卖毒品的事实。检察机关建议公安机关对周瑜立案侦查。周瑜被抓获后，提前介入侦查的检察官就杨、周二人在共同犯罪中的地位、作用等提出引导取证意见。经查，二人共同贩卖甲基苯丙胺 2592.24 克，在共同犯罪中，周瑜提供毒资、联系购买和销售毒品、收取货款，杨占华负责保管毒品、与买家交接毒品，周瑜作用明显大于杨占华，一审认定杨占华单独贩卖毒品并对其判处死刑，确有错误，检察机关建议二审法院撤销原判，发回重审，对杨占华案与另提起公诉的周瑜案并案审理，重新作出判决。

2015 年 11 月 24 日，浙江省温州市中级人民法院以贩卖毒品罪判处杨占华无期徒刑。2017 年 9 月 27 日，浙江省高级人民法院以贩卖毒品罪判处周瑜死刑，缓期二年执行。

二、典型意义

当前，我国毒品犯罪形势严峻，职业化明显，共同犯罪较多。对毒品共同犯罪应当依法区分主犯间的罪责大小,体现区别对待,做到罚当其罪。此外,毒品共同犯罪中,由于部分共同犯罪人未到案,往往影响对各共同犯罪人罪责的认定。检察机关通过侦查监督,发现并追诉遗漏的同案犯和遗漏罪行,成功追诉幕后主犯,并使真正罪责最大的主犯受到了严惩,防止对作用相对较小的被告人错误适用死刑,确保了办案质量。

抗诉案例之一

郭锡儒等人贩卖毒品案

一、基本案情

2014 年 7、8 月间,王某(另案处理)欲向被告人李本新、刘振华、马么二苏等人购买毒品。马么二苏联系被告人郭锡儒提供毒品用于贩卖给王某,并派吴建林从郭锡儒处拿到毒品,后吴建林与王某在广州某大厦门前准备交易时被公安机关抓获,当场查获甲基苯丙胺 1995 克。随后抓获刘振华、李本新,当场查获毒资人民币 8.3 万元。在被告人李本新的协助下,抓获马么二苏、郭锡儒。

广东省广州市中级人民法院一审认为,被告人郭锡儒归案后一直否认贩毒,庭审中,直接与其交易毒品的吴建林翻供否认侦查阶段辨认郭锡儒及其车辆的辨认笔录的真实性,遂以事实不清、证据不足为由判决郭锡儒无罪。广州市人民检察院通过对照地图对交易毒品的位置、郭锡儒汽车的行动轨迹以及抓获郭锡儒所在的公寓位置进行精准复核,结合案发当天郭与马么二苏之间 20 余次通话,证明郭锡儒关于与马系偶遇,开车搭载其并非取毒资的辩解明显不合常理。关于被告人吴建林在庭审中翻供的原因,通过讯问马么二苏了解到,在押解去开庭的囚车上,郭锡儒向吴建林许诺如果不指认他,今后可以负担吴家人的生活费。其他三名同案人亦证实听到类似的谈话。

在确凿证据面前，吴建林承认了上述事实并表示愿意再次指证郭锡儒。通过复核证据，广州市人民检察院认为一审判决认定郭锡儒无罪确有错误，于2016年6月22日依法提出抗诉。广东省人民检察院支持抗诉。广东省高级人民法院二审认为，检察机关抗诉理由成立，于2017年10月24日改判郭锡儒犯贩卖毒品罪，判处有期徒刑十五年（其他同案被告人判决情况略）。

二、典型意义

毒品犯罪分子到案后，为逃避罪责而不供认犯罪、供认后又翻供的现象在司法实践中较为普遍。在本案被告人“零口供”，主要同案被告人翻供的情况下，检察机关加强调查核实，复勘案发现场，增强办案亲历性，构建以客观性证据为核心的审查模式，并通过其他证据相互印证，形成完整的证据链，有效证明了被告人的罪责，抗诉后得到改判。

抗诉案例之二

马亚贵等人贩卖、运输毒品案

一、基本案情

2013年8月至9月初，被告人李鹏、何小虎预谋从被告人王超宁处购买甲基苯丙胺运回宁夏银川贩卖。9月3日，何小虎联系被告人马亚贵驾车帮助运输，并于当日下午由马亚贵驾车赴庆阳市与王超宁见面，取得毒品样品。在驾车返回银川途中及此后在银川的宾馆住宿期间，三人多次吸食李鹏提供的毒品，李鹏又送给马亚贵少量毒品，让马看看是否有人购买。9月9日，李鹏告诉马亚贵去广州，马当即表示同意。12日22时许，三人从广东东莞王超宁处购买毒品返回途中被公安机关查获，当场查获甲基苯丙胺708克。

甘肃省平凉市中级人民法院一审认为，被告人马亚贵供述称不知道取毒品之事，李鹏及何小虎对马亚贵是否明知运输毒品时供时翻，且没有证据证明马亚贵此行获取不同寻常的高额、不等值报酬，根据疑罪从无原则，对被告人马亚贵宣告无罪。平凉市人民检察院认为，根据在案证据，马亚贵驾车载何小虎、李鹏去庆阳途中以及在银川住宿期间，李鹏除提供毒品供何、马二人吸食外，还给马亚贵少量毒品，并明确提出让马亚贵拿上看有无他人购买，该事实足以证明马亚贵明知李鹏从事毒品犯罪活动；被告人李鹏明确供述，其向何小虎、马亚贵提出过合伙进行毒品犯罪，何小虎、马亚贵知道去广东的目的是购买毒品；李鹏提出让马开车去广东时，马亚贵立即答应并即刻出发，对于此行的目的、费用等事项不闻不问，到达广东后，在李鹏取得毒品后又立即开车返回，行为诡秘，不符合常理。综上，应当认定马亚贵明知李鹏去广东购买毒品而提供帮助，其行为构成运输毒品罪。一审判决宣告马亚贵无罪确有错误，依法提出抗诉。甘肃省人民检察院支持抗诉。甘肃省高级人民法院二审认为，检察机关抗诉理由成立，于2016年4月11日改判马亚贵犯运输毒品罪，判处有期徒刑七年（其他同案被告人犯罪事实和判决情况略）。

二、典型意义

毒品犯罪案件特别是运输毒品案件中，被告人到案后否认其明知是毒品的情形较为常见。主观明知的认定一直以来是办理毒品犯罪案件的难点问题，虽然相关司法解释和规范性文件已对推定明知作出规定，但在具体适用上还存在一定的认识分歧。本案就是在被告人否认明知是毒品的情形下，检察机关综合运用在案的其他证据，并根据被告人实施犯罪时的具体情形，包括犯罪的方式、过程等，结合其个人情况，如马亚贵本人是吸毒人员等，来认定其主观明知，从而抗诉成功的案例。

抗诉案例之三

倪爱勤运输毒品案

一、基本案情

2016 年 5 月 3 日，被告人倪爱勤受林杨委托，帮助运输甲基苯丙胺 130 余克及其他少量毒品。

被告人倪爱勤曾因犯容留他人吸毒罪，于 2010 年 7 月被江苏省扬州市广陵区人民法院判处有期徒刑七个月，并处罚金人民币三千元；因犯贩卖毒品罪，于 2012 年 7 月被扬州市广陵区人民法院判处有期徒刑四年，并处罚金人民币五千元，2015 年 2 月 18 日释放。

江苏省扬州市邗江区人民法院一审认定，被告人倪爱勤犯运输毒品罪，判处有期徒刑十五年，剥夺政治权利五年，并处罚金人民币二万元。扬州市邗江区人民检察院认为，根据刑法第三百四十七条的规定，运输毒品犯罪被判处十五年有期徒刑的，应当并处没收财产。本案中，被告人倪爱勤运输毒品数量大，且系累犯、毒品再犯，原审法院判处其十五年有期徒刑适当，但“并处罚金人民币二万元”明显不当，应当对其并处没收财产，因此提出抗诉。扬州市人民检察院支持抗诉。扬州市中级人民法院二审认为，检察机关抗诉理由成立，于 2017 年 3 月 30 日将对其的财产刑改判为并处没收个人财产人民币五万元。

二、典型意义

毒品犯罪是典型的贪利型犯罪，依法追缴毒品犯罪分子的违法所得及其产生的收益，以及供犯罪使用的本人财物，并对其准确适用财产刑，是剥夺其再犯经济基础的重要手段，对有效打击毒品犯罪具有重要作用。对被告人判处有期徒刑，同时并处没收财产的，应当结合其毒品犯罪的性质、情节、危害后果及其获利情况、经济状况等因素，确定没收个人财产的数额。而实践中，司法机关往往对财产刑的处罚不够严格，本案是对财产刑适用不当而抗诉成功的案例。

抗诉案例之四

谢伟强、邹俊等人贩卖、运输毒品案

一、基本案情

2014年11月至12月，被告人谢伟强向被告人刘志方等人贩卖、运输氯胺酮3500克以及含氯胺酮、MDMA成分的其他少量毒品。

2014年12月至2015年2月，被告人邹俊、袁志强等人向刘志方、万宇晴等人贩卖、运输氯胺酮2500克以及含氯胺酮、MDMA成分的其他少量毒品。

江西省吉安市中级人民法院一审以贩卖、运输毒品罪，判处被告人谢伟强死刑，缓期二年执行，判处被告人邹俊无期徒刑。吉安市人民检察院认为，涉案的主要毒品氯胺酮，俗称K粉，根据《非法药物折算表》，氯胺酮与传统毒品海洛因按照10:1的比例折算，说明其致瘾癖性和对人体的危害与海洛因、甲基苯丙胺相比，还有一定差异，在量刑时应当予以考虑。综合本案的毒品数量、犯罪性质、情节及危害后果等因素，被告人谢伟强贩卖、运输氯胺酮3500克，对其尚不足以适用死刑，对被告人邹俊判处无期徒刑，亦属于量刑过重，依法提出抗诉。江西省人民检察院支持抗诉。江西省高级人民法院认为，检察机关抗诉理由成立，于2017年3月3日改判谢伟强无期徒刑，邹俊有期徒刑十五年（其他同案被告人犯罪事实和判决情况略）。

二、典型意义

当前毒品犯罪案件涉案毒品种类呈多样化，新类型毒品犯罪不断涌现，其中涉氯胺酮犯罪所占比例增大。如何对被告人准确适用刑罚是司法机关面临的重要问题。本案是针对贩卖、运输氯胺酮案件量刑畸重抗诉成功的案例。

检察机关办理毒品犯罪案件,在坚持整体从严惩处毒品犯罪、突出打击重点的同时,要贯彻宽严相济刑事政策,根据案件的具体情况予以区别对待,对于罪行较轻或者具有从犯、自首、立功等法定、酌定从宽处罚情节的毒品犯罪分子,根据罪刑相适应原则,依法予以从宽处罚,以分化瓦解毒品犯罪分子,预防和减少毒品犯罪。

最高人民法院发布毒品犯罪及涉毒次生犯罪十大典型案例

(2017 年 6 月 20 日)

案例 1

李怀愉贩卖、运输毒品案

——贩卖、运输毒品数量巨大,且系累犯和毒品再犯,罪行极其严重

(一)基本案情

被告人李怀愉,男,汉族,1968 年 12 月 15 日出生,无业。1996 年 8 月 26 日因犯盗窃罪被判处有期徒刑五年;2004 年 3 月 21 日因犯贩卖毒品罪被判处有期徒刑十五年,剥夺政治权利五年,并处没收财产人民币五万元,2012 年 6 月 20 日刑满释放。

2014 年 4 月和 5 月,被告人李怀愉电话联系孙少东(同案被告

人,已判刑)后,先后2次指使李想才(同案被告人,已判刑)到广东省惠东县,从孙少东处分别购买1000克甲基苯丙胺(冰毒)和1000克氯胺酮(俗称“K粉”)后运回湖南省益阳市,由李怀愉贩卖。同年5月22日,李怀愉电话联系孙少东后,于次日与李想才携带购毒款到达惠东县。经孙少东介绍,李怀愉向他人购得氯胺酮3000克及甲基苯丙胺5000克。24日5时许,李怀愉与李想才携带毒品乘车回到益阳市,李怀愉将部分毒品放在某公司楼上203室。6时30分许,李怀愉携带毒品到益阳市龙洲路一餐馆与他人见面时被抓获,公安人员当场从李怀愉处查获甲基苯丙胺105.9克、氯胺酮1580.4克。当日13时许,公安人员在上述203室内查获甲基苯丙胺4960.8克、氯胺酮2030.2克。综上,李怀愉运输、贩卖甲基苯丙胺共计6066.7克、氯胺酮共计4610.6克。

(二)裁判结果

本案由湖南省益阳市中级人民法院一审,湖南省高级人民法院二审。最高人民法院对本案进行了死刑复核。

法院认为,被告人李怀愉明知甲基苯丙胺、氯胺酮是毒品,而伙同他人贩卖、运输,其行为已构成贩卖、运输毒品罪。在贩卖、运输毒品共同犯罪中,李怀愉提供全部购毒款,联系毒品上家或者直接向上家购买毒品,亲自或者指使同案被告人李想才到广东省惠东县接取毒品,并负责保管、销售毒品,起主要作用,系主犯,应当按照其所指挥和参与的全部犯罪处罚。李怀愉多次贩卖、运输毒品,数量巨大,社会危害大,罪行极其严重,且其曾因犯贩卖毒品罪被判处有期徒刑,在刑罚执行完毕后五年内又犯贩卖、运输毒品罪,系累犯和毒品再犯,应依法从重处罚。据此,依法对被告人李怀愉判处并核准死刑,剥夺政治权利终身,并处没收个人全部财产。

罪犯李怀愉已于2017年4月26日被依法执行死刑。

(三)典型意义

近年来,犯罪分子在广东省制造甲基苯丙胺和氯胺酮的情况较为突出,所制毒品流向湖南、湖北、浙江等周边省份甚至更远地区。

湖南籍贩毒人员前往广东购买毒品运回当地进行贩卖,是当前湖南毒品犯罪的一个重要特点。本案就是一起典型的从广东购买毒品后运回湖南进行贩卖的案件。被告人李怀愉伙同他人在短期内多次从广东省惠东县购买甲基苯丙胺和氯胺酮运回湖南省益阳市进行贩卖,毒品数量巨大,社会危害大,且李怀愉曾因犯贩卖毒品罪被判处重刑,属累犯和毒品再犯,并具有盗窃前科,主观恶性深。人民法院根据李怀愉犯罪的事实、性质和具体情节,依法对其判处死刑,体现了对此类贩卖、运输毒品犯罪的严惩。

案例 2

蔡志雄贩卖、制造毒品案

——伙同他人制造、贩卖毒品,数量特别巨大,罪行极其严重

(一)基本案情

被告人蔡志雄,男,汉族,1973 年 8 月 2 日出生,农民。

2013 年 7 月,被告人蔡志雄以办厂生产胶水为名,租赁位于广西壮族自治区合浦县闸口镇内的一处养猪场,并出资在此秘密建造制毒窝点。同年 9 月至 12 月间,蔡志雄先后组织周育强、廖林生、翁火胜、陈建文(均系同案被告人,已判刑)等人,在该窝点内制造毒品氯胺酮(俗称“K 粉”),并将制成的部分氯胺酮在合浦县进行贩卖。同年 11 月底,在制造出最后一批氯胺酮后,陈建文将氯胺酮运至合浦县廉州镇某小区 3 栋 1B3 车库存放。同年 12 月 15 日 20 时许,陈建文受蔡志雄指使,伙同廖林生向他人贩卖氯胺酮时被抓获,公安人员当场从陈建文驾驶的面包车内查扣氯胺酮 19 862 克。随后,公安人员在该小区 2 栋 1 单元 102 室抓获周育强、翁火胜,在该室陈建文居住的房间内查扣氯胺酮 861 克,在上述车库内查扣氯胺酮 125 827

克,在上述养猪场等处查扣一批制毒设备和原料。

(二)裁判结果

本案由广西壮族自治区北海市中级人民法院一审,广西壮族自治区高级人民法院二审。最高人民法院对本案进行了死刑复核。

法院认为,被告人蔡志雄明知氯胺酮是毒品,而伙同他人制造、贩卖,其行为已构成贩卖、制造毒品罪。在共同犯罪中,蔡志雄出资租赁制毒场地,购买制毒设备和原料,纠集人员制造毒品,并指使他人将制造出的部分毒品予以贩卖,起主要作用,系罪责最为严重的主犯,应当按照其所指挥和参与的全部犯罪处罚。蔡志雄制造、贩卖毒品数量特别巨大,社会危害极大,罪行极其严重。据此,依法对被告人蔡志雄判处并核准死刑,剥夺政治权利终身,并处没收个人全部财产。

罪犯蔡志雄已于2017年5月5日被依法执行死刑。

(三)典型意义

氯胺酮是一类精神药品,具有麻醉作用,滥用氯胺酮会产生认知障碍、引起幻觉,危害很大。近年来,滥用氯胺酮等合成毒品的人数呈上升之势,制造氯胺酮犯罪多发,个别地区较为突出。本案就是一起典型的制造、贩卖氯胺酮犯罪案件。被告人蔡志雄系广东籍人员,为牟取非法利益,在广西纠集多人制造出大量氯胺酮并进行贩卖,案发后查获的成品数量达140余千克,社会危害极大,罪行极其严重。人民法院根据蔡志雄犯罪的事实、性质和具体情节,依法对其判处死刑,体现了对制造毒品这类源头性毒品犯罪的严惩政策。

案例3

杨开水运输毒品案

——假释考验期内组织怀孕妇女运输毒品，数量特别巨大，且系毒品再犯，罪行极其严重

(一)基本案情

被告人杨开水，男，汉族，1986年1月20日出生，农民。2004年11月18日因犯运输毒品罪被判处有期徒刑十五年，并处没收个人全部财产，2012年4月30日被假释，假释考验期至2014年3月18日止。

2013年11月，被告人杨开水在缅甸老街经莫某某(在逃)介绍，商定为一毒贩运输一批毒品到云南省昆明市，运费为43万元。后杨开水又与马某某(怀孕妇女，另案处理)商定运输另一批毒品到昆明市，运费为40万元。杨开水与卢家忠(同案被告人，已判刑)商议后，确定驾驶两辆轿车共同运输毒品，所得报酬均分。同月24日，杨开水与黄明乔(同案被告人，已判刑)和杨某甲(怀孕妇女，另案处理)驾乘一辆起亚牌轿车，卢家忠与字某某(怀孕妇女，另案处理)等人驾乘一辆英伦牌轿车在云南省镇康县南伞镇，先后接应受莫某某指使参与运毒的杨某乙(怀孕妇女，另案处理)和马某某，以及二人携带的装有毒品的行李。杨开水、卢家忠将装有毒品的行李放入英伦牌轿车的后备箱内，杨开水、黄明乔等人驾车在前探路，卢家忠、杨某乙等人驾车在后行驶，前往昆明市。行至云南省龙陵县勐糯镇时，因卢家忠驾驶的轿车出现故障，上述人员分别在该镇两家酒店住宿。次日10时许，公安人员在酒店抓获杨开水、卢家忠、黄明乔等人，查获海洛因共计37 140克、甲基苯丙胺片剂(俗称“麻古”)共计10 467克。

(二)裁判结果

本案由云南省曲靖市中级人民法院一审，云南省高级人民法院

二审。最高人民法院对本案进行了死刑复核。

法院认为,被告人杨开水明知海洛因、甲基苯丙胺片剂是毒品,而伙同他人运输,其行为已构成运输毒品罪。杨开水运输毒品数量特别巨大,社会危害大,罪行极其严重。在共同犯罪中,杨开水负责洽谈运输毒品,安排行程,并邀约同案被告人卢家忠等人共同运输,起主要作用,系主犯,应当按照其所指挥和参与的全部犯罪处罚。杨开水曾因犯运输毒品罪被判刑,又实施运输毒品犯罪,系毒品再犯,主观恶性深,应依法从重处罚。杨开水在假释考验期内犯新罪,应撤销假释,予以并罚。据此,依法对被告人杨开水判处并核准死刑,剥夺政治权利终身,并处没收个人全部财产。

罪犯杨开水已于 2016 年 7 月 20 日被依法执行死刑。

(三)典型意义

为牟取高额报酬而组织他人运输毒品,不同于为挣取少量运费而受人指使、雇用运输毒品的情形,对前者应当依法予以严惩。尤其是组织怀孕妇女、病残人员等特殊群体运输毒品的,明显具有逃避法律制裁的目的,体现了更大的社会危害性和主观恶性,在政策把握上更应当体现严厉性。本案是一起典型的组织多名怀孕妇女运输毒品的犯罪案件,参与人员多,涉案毒品数量特别巨大,约定的非法报酬数额巨大。被告人杨开水系运输毒品共同犯罪中的组织者、直接实施者,罪责最为突出。杨开水曾因犯运输毒品罪被判处重刑,被假释后却不思悔改,变本加厉,在假释考验期内又犯运输毒品罪,系毒品再犯,主观恶性极深,应依法从重处罚。人民法院根据杨开水犯罪的事实、性质和具体情节,综合考虑其主观恶性、人身危险性,对其判处死刑,体现了对此类运输毒品犯罪的严惩政策。

案例4

肖胜故意杀人案

——吸毒后交通肇事,持刀捅刺执行公务的民警,致1人死亡、1人轻伤,罪行极其严重

(一)基本案情

被告人肖胜,男,汉族,1977年4月29日出生,原系湖南省武冈市卫生局水浸坪卫生院工作人员。

被告人肖胜自2007年开始吸食毒品,2008年7月25日曾因吸毒被行政拘留十五日。2013年10月底至11月初,肖胜多次吸食毒品。同年11月9日14时许,肖胜驾驶一辆黑色起亚轿车途经湖南省武冈市铜宝路与北门闸二巷岔路口时,与同向行驶的杨某丙驾驶的越野车发生碰撞。事故发生后,双方分别报警。肖胜将随身携带的折叠式弹簧刀丢入附近的"人人电脑维修中心"店内垃圾桶里。武冈市公安局交通警察大队城区中队副中队长杨某丁(被害人,殁年37岁)和协警周某(被害人,时年23岁)接警后驾车赶到现场,决定将肇事车辆拖离,将肖胜、杨某丙及同车人员带往交警大队调查处理。肖胜声称口渴再次到"人人电脑维修中心"店内喝水,周某下车跟随。肖胜从店内垃圾桶里捡起其先前丢弃的弹簧刀,周某见状询问,肖胜即持刀捅刺周某左前臂。周某跑至店外,肖胜从店内找到一把单柄手锯追打,周某朝警车方向跑,肖胜又持弹簧刀追赶。杨某丁见状上前阻止,肖胜持弹簧刀朝杨某丁胸部等处连续捅刺数刀。周某与在场群众共同将肖胜手中的弹簧刀夺下,并将肖胜制服。杨某丁因被单刃刺器刺伤胸部致心脏破裂在被送往医院抢救途中死亡。周某的损伤构成轻伤。

(二)裁判结果

本案由湖南省邵阳市中级人民法院一审,湖南省高级人民法院

二审。最高人民法院对本案进行了死刑复核。

法院认为，被告人肖胜故意非法剥夺他人生命，其行为已构成故意杀人罪。肖胜交通肇事后，持械对依法执行公务的交通警务人员行凶，致1人死亡、1人轻伤，犯罪性质恶劣，社会危害极大，罪行极其严重，应依法惩处。据此，依法对被告人肖胜判处并核准死刑，剥夺政治权利终身。

罪犯肖胜已于2016年2月3日被依法执行死刑。

（三）典型意义

毒品具有中枢神经兴奋、抑制或者致幻作用，会使吸毒者出现兴奋、狂躁、抑郁，甚至被害妄想、幻视幻听等症状，进而导致其自伤自残或实施暴力犯罪。近年来，因吸毒诱发的故意杀人、故意伤害等暴力犯罪屡有发生，严重危害社会治安，有的案件造成了恶劣的社会影响。本案就是一起因吸毒诱发的故意杀人犯罪典型案例。被告人肖胜自2007年开始吸食毒品，2008年曾因吸毒被行政拘留十五日，案发前肖胜又多次吸食毒品，并出现吸毒导致的幻觉、被害幻想等症状。据肖胜供述，其吸食的毒品包括甲基苯丙胺、甲基苯丙胺片剂和氯胺酮。由于吸毒违法，也是自陷行为，故目前司法鉴定机构对于吸毒后作案者通常评定为具有完全刑事责任能力。肖胜在交通肇事后，持刀对执行公务的交通民警和协警行凶，致1人死亡、1人轻伤，犯罪性质恶劣，社会危害极大，罪行极其严重，人民法院依法对其判处死刑。该案充分反映出毒品对个人、家庭和社会的严重危害，尤其值得吸毒者警醒。

案例5

臧吉喆贩卖毒品案

——通过互联网贩卖毒品数量大，且系毒品再犯，依法严惩

（一）基本案情

被告人臧吉喆，男，汉族，1993年12月15日出生，农民。2013年9月23日因犯贩卖毒品罪被判处拘役四个月，缓刑六个月，并处罚金人民币三万元。

2015年10月至2016年1月间，被告人臧吉喆与赵某、徐某某（均另案处理）通过QQ或者微信联系后，假借淘宝购物或者以支付宝转账的方式，分别向二人购买甲基苯丙胺（冰毒）共计250克用于贩卖。其中，臧吉喆假借淘宝购物的方式，3次向赵某购买甲基苯丙胺共计180克；假借淘宝购物及直接以支付宝转账的方式，2次向徐某某购买甲基苯丙胺共计70克。2016年1月15日，公安人员抓获臧吉喆，当场查获甲基苯丙胺4.53克。

（二）裁判结果

本案由江苏省徐州市中级人民法院审理。

法院认为，被告人臧吉喆明知甲基苯丙胺是毒品而贩卖，其行为已构成贩卖毒品罪。臧吉喆贩卖毒品数量大，且曾因犯贩卖毒品罪被判刑，此次又犯贩卖毒品罪，系毒品再犯，应依法从重处罚。臧吉喆当庭认罪态度较好，可酌情从轻处罚。据此，依法对被告人臧吉喆判处无期徒刑，剥夺政治权利终身，并处没收个人全部财产。

宣判后，在法定期限内没有上诉、抗诉，上述裁判已于2017年4月29日发生法律效力。

（三）典型意义

随着电子商务的快速发展，互联网支付、物流配送等配套服务越

来越便捷，为生产生活提供了巨大便利。但是，一些不法分子利用信息网络覆盖面广、易隐瞒真实身份等特点，在网络交流平台上散布涉毒信息，借助电子商务平台进行毒品交易，形成毒品犯罪的一个新特点。本案就是一起通过互联网获取涉毒信息，再借助电子商务平台跨地域购买毒品转卖牟利的典型案例。被告人臧吉喆根据QQ群中发布的售毒信息，与上家通过淘宝购物或互联网支付的方式完成毒品交易，5次购买甲基苯丙胺共计250克，贩卖毒品数量大。臧吉喆曾因犯贩卖毒品罪被判刑，仍不知悔改，又贩卖毒品，主观恶性较大。人民法院根据臧吉喆犯罪的事实及其系毒品再犯等情节，对其判处无期徒刑，体现了对此类犯罪的从严惩处。

案例6

於国军贩卖毒品案

——多次零包贩卖毒品，依法严惩

（一）基本案情

於国军，男，汉族，1969年12月11日出生，农民。

被告人於国军多次向吸毒人员贩卖甲基苯丙胺（冰毒）共计15.4克。其中，2015年11月至2016年2月间，於国军先后17次向陈某贩卖甲基苯丙胺共计13克；2016年3月，於国军先后2次向吕某某贩卖甲基苯丙胺共计2.4克。2016年4月14日，公安人员在於国军家中将其抓获，当场查获甲基苯丙胺12.09克。

（二）裁判结果

本案由浙江省岱山县人民法院一审，浙江省舟山市中级人民法院二审。

法院认为，被告人於国军明知甲基苯丙胺是毒品而贩卖，其行为已构成贩卖毒品罪。於国军贩卖甲基苯丙胺数量较大，且多次贩卖，应依法惩处。据此,依法对被告人於国军判处有期徒刑十一年,并处罚金人民币五千元。

上述裁判已于2016年12月21日发生法律效力。

(三)典型意义

零包贩毒(一般指贩毒数量10克以下)作为末端毒品犯罪,是吸毒者获得毒品的直接渠道。由于我国吸毒人数庞大,零包贩毒案件在毒品犯罪案件中所占比例较高,社会危害不容忽视。要有效遏制毒品蔓延,控制毒品犯罪增长,在严厉打击大宗毒品犯罪的同时,也必须依法打击零包贩毒犯罪。本案被告人於国军每次贩卖甲基苯丙胺仅1克左右,但其贩卖毒品近20次,共计15.4克,同时,从其家中查获12.09克毒品,亦应计入其贩卖毒品的数量。刑法第三百四十七条第三款规定,贩卖甲基苯丙胺十克以上不满五十克的,处七年以上有期徒刑,并处罚金。人民法院根据於国军多次贩卖甲基苯丙胺共计27.49克的事实,对其判处有期徒刑十一年,体现了对此类末端毒品犯罪的严惩。

案例7

杨洪贩卖毒品案

——利用未成年人贩卖毒品,依法从重处罚

(一)基本案情

杨洪,男,汉族,1993年7月27日出生,农民。

被告人杨洪和蒲某(未成年人,另案处理)均系吸毒人员。2016年6月中旬以来,蒲某暂住在杨洪租住的四川省射洪县太和镇文化路一出租房内。二人同住期间,杨洪向许某、罗某、李某及杨某某(未成年人)贩卖甲基苯丙胺(冰毒)共计10次,约4克,其中9次指使蒲某送货。2016年7月21日,公安人员在杨洪租住处将其与蒲某抓获,当场查获甲基苯丙胺6.9克。综上,杨洪贩卖甲基苯丙胺共计10.9克。

(二)裁判结果

本案由四川省射洪县人民法院审理。

法院认为,被告人杨洪明知甲基苯丙胺是毒品而贩卖,其行为已构成贩卖毒品罪。杨洪贩卖毒品数量较大,且多次、向多人贩卖,应依法惩处。杨洪利用未成年人贩卖毒品,且贩毒对象部分为未成年人,应依法从重处罚。杨洪在归案后如实供述犯罪事实,依法可以从轻处罚。据此,依法对被告人杨洪判处有期徒刑九年六个月,并处罚金人民币八千元。

宣判后,在法定期限内没有上诉、抗诉,上述裁判已于2017年5月8日发生法律效力。

(三)典型意义

未成年人涉毒比例较高是当前毒品滥用与毒品犯罪方面的一个突出特点。一些犯罪分子利用未成年人心智不够成熟、分辨是非能力较弱、好奇心强、容易受到毒品诱惑的特点,控制、指使未成年人实施毒品犯罪,或者向未成年人出售毒品,严重危害未成年人身心健康。为保护未成年人权益,刑法第三百四十七条第六款规定:“利用、教唆未成年人走私、贩卖、运输、制造毒品,或者向未成年人出售毒品的,从重处罚。”本案就是一起利用未成年人贩卖毒品,并向未成年人出售毒品的典型案例。被告人杨洪通过为未成年人蒲某提供食宿等方式拉拢、控制蒲某,多次指使蒲某为其向购毒人员送毒品,还向未成年人杨某某出售毒品。人民法院根据杨洪犯罪的事实和具体情节,对其从重判处刑罚,较好地体现了对未成年人的特别保护。

案例8

利惠青等容留他人吸毒案

——租赁娱乐场所容留多人吸毒，依法惩处

（一）基本案情

被告人利惠青，男，汉族，1974年7月14日出生，农民。2005年11月29日因犯聚众扰乱社会秩序罪被判处有期徒刑一年，2006年8月18日刑满释放。

被告人蔡映堂，男，汉族，1983年8月24日出生，无业。

被告人邬林泉，男，汉族，1971年1月19日出生，农民。

2016年1月，被告人利惠青、蔡映堂等人出资租赁广东省东莞市长安镇一KTV的2间包房用于容留他人吸毒，被告人邬林泉等人负责包房的收费、记账等工作。同年2月29日18时许，陈某等数人来到上述包房吸食氯胺酮（俗称“K粉”），次日19时许公安人员到场抓获利惠青、蔡映堂、邬林泉、陈某等十余人，当场缴获氯胺酮0.58克。经现场检测，利惠青、蔡映堂、陈某等15人均吸食了毒品。至案发时，上述2间包房营业约15天，收入约8万元。

（二）裁判结果

本案由广东省东莞市第二人民法院审理。

法院认为，被告人利惠青、蔡映堂、邬林泉结伙容留他人吸毒，其行为均已构成容留他人吸毒罪。利惠青、蔡映堂伙同他人出资租赁包房，负责经营管理，在共同犯罪中起主要作用，均系主犯，应当按照其二人参与的全部犯罪处罚。邬林泉在共同犯罪中起次要作用，系从犯，依法应当从轻处罚。三被告人为牟取非法利益，利用娱乐场所容留他人吸毒，人数众多，可酌情从重处罚。蔡映堂、邬林泉归案后如实供述自己的罪行，认罪态度较好，依法可以从轻处罚；利惠青当庭如实供述自己的罪行，可以酌情从轻处罚。据此，依法对被告人利惠青、蔡映堂和邬林泉分别判处有期徒刑一年十个月、一年八个月和一年，并处罚金人民币一万元、一万元和三千元。

宣判后，在法定期限内没有上诉、抗诉，上述裁判已于2017年2月21日发生法律效力。

（三）典型意义

聚众吸毒是当前毒品滥用方面较为突出的一种现象。娱乐场所的经营者、管理者为招揽生意而容留他人吸毒的案件时有发生，一些不法分子为牟取利益而将娱乐场所专门用于容留他人吸毒甚至聚众吸毒，犯罪性质较一般的容留吸毒行为更为严重。本案就是一起利用娱乐场所容留他人吸毒以牟取非法利益的案例。被告人利惠青等人为容留他人吸毒赚取利润而租赁KTV的2间包房，安排人员为吸毒者提供服务，容留行为持续时间长，案发时一次性容留十余人吸毒，犯罪情节恶劣。人民法院根据利惠青等人犯罪的事实、性质和具体情节，依法判处了刑罚。

案例9

鲁福平非法生产制毒物品案

——非法生产邻氯苯基环戊酮，情节特别严重，依法惩处

（一）基本案情

被告人鲁福平，男，汉族，1965年11月22日出生，无业。2005年11月15日因犯虚开增值税专用发票、用于骗取出口退税、抵扣税款发票罪被判处有期徒刑七年，并处罚金人民币二十万元；2014年1月23日因犯非法买卖制毒物品罪被判处有期徒刑一年九个月，并处罚金人民币一万五千元，2015年1月24日刑满释放。

2016年5月，被告人鲁福平与周某（另案处理）共谋生产邻氯苯

基环戊酮(以下简称邻酮),商定由周某提供资金,鲁福平负责联系工厂、组织人员。同年6月,鲁福平选定河南省平顶山市一生化公司车间作为生产邻酮的地点,并安排王某某(另案处理)做技术员。周某向王某某支付10万元定金,并安排蔡某某、陈某某参与生产邻酮。至同年7月25日被查获时,鲁福平等人利用该公司设备、人员生产邻酮4批次,共计231.5千克。

(二)裁判结果

本案由江苏省建湖县人民法院审理。

法院认为,被告人鲁福平违反国家规定,非法生产国家管制的易制毒化学品邻酮,情节特别严重,其行为已构成非法生产制毒物品罪,应依法惩处。在共同犯罪中,鲁福平参与共谋非法生产制毒物品,选定生产场所,纠集、指挥他人进行生产,起主要作用,系主犯,应当按照其所指挥和参与的全部犯罪处罚。鲁福平曾因故意犯罪被判处有期徒刑,在刑罚执行完毕后五年内又犯罪,系累犯,应依法从重处罚。据此,依法对被告人鲁福平判处有期徒刑八年六个月,并处罚金人民币五万元。

宣判后,在法定期限内没有上诉、抗诉,上述裁判已于2017年1月17日发生法律效力。

(三)典型意义

随着国内制造甲基苯丙胺、氯胺酮等合成毒品犯罪案件的增长,作为制造合成毒品原料的麻黄碱、羟亚胺、邻酮等制毒物品流入非法渠道被用于制造毒品的形势较为严峻。非法生产、买卖制毒物品案件频发。为从源头上遏制制毒物品犯罪,国家在立法、司法层面均加大了对制毒物品犯罪的打击力度。2015年11月1日起施行的《刑法修正案(九)》完善了制毒物品犯罪的规定,增加了非法生产、运输制毒物品罪,并提高了法定刑。2016年4月11日起施行的《最高人民法院关于审理毒品犯罪案件适用法律若干问题的解释》下调了制毒物品犯罪的定罪量刑标准。本案是一起比较典型的非法生产邻酮的案件。邻酮是生产羟亚胺的原料,而羟亚胺又可用于制造毒品氯胺酮。被告人鲁福平明知邻酮属于被管制的易制毒化学品,为牟取暴利伙同他人非法进行生产,至案发时产量达230余千克,属于情节特别严重,应当判处七年以上有期徒刑。人民法院根据鲁福平犯罪的事实及具体情节,依法对其判处了刑罚。

案例10

张沛生以危险方法危害公共安全案

——吸毒后驾驶机动车肇事并连续冲撞,系累犯,投案自首,依法惩处

(一)基本案情

被告人张沛生,男,汉族,1979年8月31日出生,农民。2014年9月30日因犯非法持有枪支罪被判处有期徒刑一年三个月,2015年9月18日刑满释放。

2016年2月2日12时许,被告人张沛生吸毒后驾车在广东省广州市番禺区亚运大道超速行驶。其闯红灯直行时,与一辆马自达轿车发生碰撞。张沛生驾车逃离现场,途中又接连与4辆汽车及1辆三轮摩托车相撞,造成乘坐三轮摩托车的吴某某、罗某某等6人受伤,多车损坏,其中吴某某、罗某某均受重伤。事发后张沛生留在现场,后被到场的公安人员抓获。经交警部门认定,张沛生承担连续发生的多起交通事故的全部责任。经鉴定,张沛生血样中检出甲基苯丙胺、苯丙胺成分。

(二)裁判结果

本案由广东省广州市番禺区人民法院一审,广州市中级人民法院二审。

法院认为,被告人张沛生吸毒后驾车违章行驶,肇事后逃离途中又与多车相撞,危及不特定多数人的人身、财产安全,其行为已构成

以危险方法危害公共安全罪。张沛生的行为致2人重伤、多车损坏,犯罪后果严重,应依法惩处。张沛生曾因故意犯罪被判处有期徒刑,在刑罚执行完毕后五年内又犯罪,系累犯,应依法从重处罚。张沛生作案后主动投案,如实供述罪行,有自首情节,依法可从轻处罚。据此,依法对被告人张沛生判处有期徒刑十年,剥夺政治权利三年。

上述裁判已于2017年4月14日发生法律效力。

(三)典型意义

毒品多具有兴奋、致幻作用,吸食后会产生感知错位、注意力无法集中、幻视幻听等症状。因此,吸毒后驾驶机动车极易因上述症状而肇事肇祸,造成严重危害后果。本案就是一起吸毒后驾驶机动车危害公共安全,造成严重后果的典型案例。被告人张沛生吸食毒品后驾车在市区超速行驶并闯红灯,说明吸毒已导致其驾驶能力异常。在与其他车辆发生碰撞后,张沛生驾车逃离现场,途中又连续撞击多辆汽车和三轮摩托车,造成2人重伤、多车损坏的严重后果。人民法院根据张沛生犯罪的事实、性质及其投案自首、又系累犯等具体情节,依法判处刑罚,较好地体现了罪刑相适应的刑法原则。

最高人民法院发布毒品犯罪及吸毒诱发次生犯罪十大典型案例

（2016 年 6 月 24 日）

一、唐小平走私、贩卖、运输毒品案

跨国毒品犯罪，数量特别巨大，且系累犯，罪行极其严重

【基本案情】

被告人唐小平，男，汉族，1969 年 8 月 16 日出生，农民。1992 年 6 月 18 日因犯盗窃罪被判处有期徒刑三年；2004 年 11 月 26 日因犯故意伤害罪被判处有期徒刑十一个月；2010 年 11 月 22 日因犯抢劫罪被判处有期徒刑二年，2012 年 4 月 1 日刑满释放。

2012 年 11 月中旬，被告人唐小平到缅甸联邦邦康市向尼果（已被缅甸司法机关判刑）购买 200 万颗甲基苯丙胺片剂（俗称“麻古”）。尼果联系彭勇（另案处理，已判刑）将该批毒品走私入境，后彭勇与唐家庄（另案处理，已判刑）将二人向尼果购买的 75 万颗甲基苯丙胺片剂与唐小平所购毒品一起藏在改装的重型货车车厢夹层内进行运输。同年 12 月 2 日，公安人员在云南省孟连傣族拉祜族佤族自治县（以下简称孟连县）一公路上截停上述货车，从车厢夹层内查获甲基苯丙胺片剂共计 256.74 千克，并将唐家庄抓获。

2012 年 12 月，被告人唐小平与刘进新、王铁成（均系同案被告

人,已判刑)商议共同贩卖毒品,约定由唐小平向尼果联系购买毒品,刘进新、王铁成出资并联系运输工具。后刘进新将150万元转入唐小平账户用于支付跨境运输费用,王铁成在刘进新的安排下将大笔现金送至孟连县一宾馆,交给唐小平的亲戚雷某某。在唐小平的联系下,尼果指使他人将毒品从缅甸联邦邦康市运至孟连县,刘进新安排他人接取毒品后藏匿于一废品收购站内。2013年1月15日,公安人员从雷某某所住宾馆房间内查获现金448.16万元,并于次日在上述废品收购站和一处简易房内查获甲基苯丙胺片剂共计96.45千克。

【裁判结果】

本案由云南省普洱市中级人民法院一审,云南省高级人民法院二审。最高人民法院对本案进行了死刑复核。

法院认为,被告人唐小平伙同他人走私、贩卖、运输甲基苯丙胺片剂,其行为已构成走私、贩卖、运输毒品罪。在共同犯罪中,唐小平出境联系购买毒品,并组织、指挥他人支付毒资、接取毒品,系罪责最为严重的主犯,应当按照其所参与和组织、指挥的全部犯罪处罚。唐小平走私、贩卖、运输毒品数量特别巨大,社会危害极大,罪行极其严重,且其曾多次因犯罪被判刑,在刑罚执行完毕后五年内又犯罪,系累犯,主观恶性深,人身危险性大,应依法从重处罚。据此,依法对被告人唐小平判处并核准死刑,剥夺政治权利终身,并处没收个人全部财产。

罪犯唐小平已于2016年6月17日被依法执行死刑。

【典型意义】

走私毒品属于源头性毒品犯罪,境外毒品被走私入境后,经犯罪分子层层转卖、运输,扩散至广大内地城市和吸食消费环节,造成了严重的社会危害。“金三角”缅北地区是国内消费市场上甲基苯丙胺片剂的主要来源。本案就是一起典型的将甲基苯丙胺片剂从缅北地区走私入境的跨国毒品犯罪。该案参与人员、犯罪环节众多,涉案毒品数量、毒资数额特别巨大。被告人唐小平两次以贩卖为目的走私毒品入境,其直接联系境外人员购买毒品,利用或纠集他人运输毒品，在共同犯罪中罪责最为突出，且有盗窃、故意伤害、抢劫等多次犯罪前科。人民法院根据唐小平的毒品犯罪数量、情节、危害后果及其在共同犯罪中的地位、作用，并综合考虑其主观恶性、人身危险性，对其判处死刑，体现了依法严惩走私毒品犯罪的一贯立场。

二、洪海沿制造毒品案

制造毒品数量巨大，并非法持有枪支、弹药，罪行极其严重

【基本案情】

被告人洪海沿，男，汉族，1972 年 10 月 16 日出生，农民。

2012 年 7 月至 2013 年 5 月，被告人洪海沿在其位于广东省陆丰市甲西镇西山一村的旧屋内，伙同他人制造甲基苯丙胺（冰毒），并将制造出的部分毒品藏匿于其在该村的住宅和所经营的“伟发商场”内。2013 年 5 月 23 日，公安人员抓获洪海沿时，当场从其旧屋、住宅和“伟发商场”内查获甲基苯丙胺共计 8605 克，含甲基苯丙胺成分的液体共计 45.51 千克及化学品、制毒工具一批。同时，从洪海沿住宅和“伟发商场”内查获手枪 3 支、猎枪 1 支、制式手枪弹 46 发及其他子弹 84 发。

【裁判结果】

本案由广东省汕尾市中级人民法院一审，广东省高级人民法院二审。最高人民法院对本案进行了死刑复核。

法院认为，被告人洪海沿伙同他人制造甲基苯丙胺，其行为已构成制造毒品罪；洪海沿违反枪支管理规定，非法持有枪支、子弹，其行为又构成非法持有枪支、弹药罪。洪海沿制造毒品数量巨大，社会危害大，罪行极其严重，应依法惩处。对洪海沿所犯数罪，应依法并罚。据此，依法对被告人洪海沿判处并核准死刑，剥夺政治权利终身，并处没收个人全部财产。

罪犯洪海沿已于 2015 年 11 月 24 日被依法执行死刑。

【典型意义】

近年来,随着以甲基苯丙胺为代表的合成毒品在我国滥用人数的不断增长,制造合成毒品犯罪呈加剧之势,制造甲基苯丙胺犯罪突出。本案就是一起典型的制造甲基苯丙胺犯罪案件。被告人洪海沿伙同他人在自家旧屋内制造甲基苯丙胺,数量达8000余克,其还非法持有枪支、弹药,情节严重,具有严重的社会危害性。人民法院根据其犯罪事实、情节,依法对其判处死刑,体现了对制造合成毒品这类源头性毒品犯罪的严厉惩治,充分发挥了刑罚的威慑作用。

三、舒余坤贩卖毒品案

假释考验期内大量贩卖毒品,且系毒品再犯,罪行极其严重

【基本案情】

被告人舒余坤,男,汉族,1973年5月14日出生,农民。2000年4月17日因犯贩卖毒品罪被判处无期徒刑,剥夺政治权利终身,并处没收财产,2011年10月12日被假释,假释考验期至2014年9月4日。

2014年2月22日,被告人舒余坤在云南省寻甸回族彝族自治县倘甸镇的租住房内,向从贵州省贵阳市来向其购买海洛因的杨平、罗太会(均系同案被告人,已判刑)贩卖毒品。其中,杨平出资购买600克海洛因,罗太会出资购买400克海洛因,舒余坤还委托二人将200克海洛因运回贵阳市代其贩卖。2月23日,杨平、罗太会携带海洛因返回贵阳市,于当日19时30分许在贵阳市云岩区金关收费站被抓获,公安人员当场从罗太会的提包中查获1194克海洛因。2月28日,公安人员在云南省昆明市倘甸工业园区冯家村将舒余坤抓获,当场从其家中查获1050.4克海洛因。

【裁判结果】

本案由贵州省贵阳市中级人民法院一审,贵州省高级人民法院

二审。最高人民法院对本案进行了死刑复核。

法院认为，被告人舒余坤贩卖海洛因，其行为已构成贩卖毒品罪。舒余坤贩卖毒品数量大，社会危害大，罪行极其严重，应依法惩处。舒余坤曾因犯贩卖毒品罪被判处无期徒刑，在假释考验期内又犯贩卖毒品罪，系毒品再犯，应依法从重处罚，并应撤销假释，与前罪没有执行完毕的刑罚并罚。据此，依法对被告人舒余坤判处并核准死刑，剥夺政治权利终身，并处没收个人全部财产。

罪犯舒余坤已于2016年6月21日被依法执行死刑。

【典型意义】

当前，毒品犯罪中累犯、再犯的比例较高，部分毒品犯罪分子在假释或者暂予监外执行期间又实施毒品犯罪，反映出较深的主观恶性和人身危险性，历来是毒品犯罪的重点惩治对象。本案就是一起毒品犯罪分子在假释考验期内又大量贩卖毒品，被依法判处死刑的典型案例。被告人舒余坤系毒品上线，其掌握毒品来源，大量持毒待售，对促成毒品交易起到更大的作用。在抓获舒余坤的同时，另从其住处查获待售的1000余克海洛因，应依法认定为其贩卖的毒品。舒余坤在假释考验期内犯新罪，前后两罪均系贩卖毒品罪，且前罪被判处重刑，反映其不思悔改，主观恶性深，人身危险性大。人民法院对舒余坤判处并核准死刑，体现了对罪行极其严重毒品犯罪分子的依法严惩。

四、陈万寿故意杀人案

吸毒致幻后杀死无辜幼儿，罪行极其严重

【基本案情】

被告人陈万寿，男，汉族，1979年10月17日出生，农民。

被告人陈万寿常年吸毒，曾被强制隔离戒毒二年后复吸毒品。2013年9月20日12时许，陈万寿在广东省湛江市麻章区太平镇岭头村家中吸毒产生幻觉后,持菜刀闯入邻居陈某甲住宅,挟持陈某甲之子陈某乙(被害人,殁年3岁),威胁在一旁劝阻的群众。公安人员接警后赶到现场,陈万寿将陈某乙挟持至院内,不顾众人劝解,持菜刀砍切陈某乙颈部一刀,致其当场死亡。

【裁判结果】

本案由广东省湛江市中级人民法院一审,广东省高级人民法院二审。最高人民法院对本案进行了死刑复核。

法院认为,被告人陈万寿故意非法剥夺他人生命,其行为已构成故意杀人罪。陈万寿吸毒产生幻觉后,行凶杀害年仅3岁的幼儿,犯罪手段残忍,情节恶劣,罪行极其严重,应依法惩处。据此,依法对被告人陈万寿判处并核准死刑,剥夺政治权利终身。

罪犯陈万寿已于2016年1月22日被依法执行死刑。

【典型意义】

毒品具有中枢神经兴奋、抑制或者致幻作用,会使吸毒者出现兴奋、狂躁、抑郁,甚至被害妄想、幻视幻听等症状,进而导致其自伤自残或实施暴力犯罪。近年来,因吸毒诱发的故意杀人、故意伤害等暴力犯罪频发,严重危害社会治安,有的案件造成了恶劣的社会影响。本案就是一起因吸毒诱发故意杀人犯罪的典型案例。被告人陈万寿与被害人是邻居,两家平日关系尚好。陈万寿长期吸毒,曾被强制隔离戒毒,后又复吸,且此前曾有过吸毒致幻现象。陈万寿作案前一小时左右吸食毒品,随后产生幻觉,持菜刀闯入邻居家中挟持年仅3岁的被害人陈某乙,并不顾到场公安人员和群众的劝阻,将陈某乙残忍杀害。该案充分反映出毒品对吸毒者本人、家庭乃至社会的严重危害。广大群众尤其是青少年应当切实提高识毒、防毒、拒毒的意识和能力,珍爱生命,远离毒品。

五、孙静贩卖毒品案

通过网络贩卖毒品，并利用未成年人犯罪，依法严惩

【基本案情】

被告人孙静，女，汉族，1993年6月9日出生，无业。

被告人孙静系吸毒人员。2013年9月至2014年3月，孙静购得甲基苯丙胺后，以其创建的百度贴吧“三妈很强大”及QQ群“当岔道已成往事”“一口浓烟吐出美好明天”等为载体联系毒品买家，在网上约定交易细节后，将毒品藏在玩具兔子内通过快递寄给买家。孙静多次从在网上认识的杜仲伟（另案处理，已判刑）处购买甲基苯丙胺共计1000余克，从黄辉、周丽瑶（均另案处理，已判刑）处购买甲基苯丙胺110克，通过网络将购得的毒品贩卖给北京、辽宁、山东、江苏等20余个省份的吸毒人员，发送快递共计200余件，获毒赃55万余元。

2014年2月中下旬，被告人孙静在明知刘某某系未成年人的情况下，仍指使刘为其发送装有甲基苯丙胺的快递，并指使刘协助其对QQ群“当岔道已成往事”进行管理。同年3月6日，孙静前往湖南省郴州市欲向黄辉、周丽瑶购买毒品时被抓获，公安人员当场查获其购毒款3.46万元。

【裁判结果】

本案由湖南省长沙市中级人民法院审理。

法院认为，被告人孙静伙同他人贩卖甲基苯丙胺，其行为已构成贩卖毒品罪。孙静贩卖毒品数量大，且多次、向多人贩卖，犯罪情节恶劣，社会危害大，应依法惩处。孙静出资购买毒品，积极联系买家，直接交寄毒品，并指使他人参与贩卖毒品，在共同犯罪中起主要作用，系主犯，应当按照其所参与的全部犯罪处罚。孙静利用未成年人贩卖毒品，应依法从重处罚。据此，依法对被告人孙静判处无期徒刑，剥夺政治权利终身，并处没收个人全部财产。

宣判后，在法定期限内没有上诉、抗诉，上述裁判已于2015年7月26日发生法律效力。

【典型意义】

随着信息网络的普及，网络涉毒犯罪呈快速蔓延之势，主要表现为利用网络贩卖毒品、买卖制毒物品、传播制毒技术和组织他人吸毒等。本案就是一起利用互联网贩卖毒品的典型案例。被告人孙静创建百度贴吧、QQ群用于联系毒品买家，涉毒网络群组人数众多；在短短数月内，其发送涉毒快递200余件，贩卖对象覆盖20余个省份的吸毒人员，反映出网络毒品犯罪影响范围广、不受地域限制、社会危害大的现实特点。同时，孙静虽有吸毒行为，但其短期内大量购入毒品，主要是为了贩卖，人民法院按照其购买的毒品数量认定其贩卖毒品数量，仅在量刑时对其吸食毒品的情节予以酌情考虑，体现了对此类犯罪的依法从严惩处。当前，互联网是广大群众尤其是青少年获取外界信息的重要渠道，利用互联网实施的毒品犯罪较传统犯罪具有更大的危害性和影响力，对于网络涉毒犯罪应保持高压态势，坚决遏制毒品通过网络渠道蔓延。

六、莫进友贩卖毒品案

武装掩护毒品犯罪，依法严惩

【基本案情】

被告人莫进友，男，汉族，1992年12月9日出生，农民。

2015年3月16日凌晨，被告人莫进友在广西壮族自治区东兴市东兴镇凯迪阳光假日酒店，将1小包氯胺酮贩卖给吸毒人员王某某。二人交易结束后被公安人员发现，王某某被当场抓获，公安人员从其身上查获2.48克氯胺酮。莫进友在逃跑过程中持随身携带的手枪朝公安人员追来的方向射击，后将携带的5.23克甲基苯丙胺、0.79克氯胺酮丢弃于路边绿化带内。莫进友逃至一交叉路口欲拦车逃跑时被抓获,公安人员当场从其身上查获手枪1支、子弹3发。

【裁判结果】

本案由广西壮族自治区东兴市人民法院一审,广西壮族自治区防城港市中级人民法院二审。

法院认为,被告人莫进友贩卖甲基苯丙胺、氯胺酮,其行为已构成贩卖毒品罪。莫进友在实施贩卖毒品犯罪的过程中,随身携带枪支,并向公安人员开枪射击,其行为属于刑法第三百四十七条第二款第三项规定的武装掩护贩卖毒品,应依法惩处。据此,依法对被告人莫进友判处有期徒刑十五年,并处没收财产人民币2万元。

上述裁判已于2015年12月4日发生法律效力。

【典型意义】

近年来,毒品犯罪分子在实施走私、贩卖、运输、制造毒品犯罪的过程中,为掩护犯罪而携带枪支、弹药、爆炸物的案件屡有发生。特别是在广西、云南等边境地区,"枪毒合流"案件呈上升趋势。武装掩护毒品犯罪,不仅大大增加了执法机关查缉毒品犯罪的风险,也对社会治安和人民群众的生命财产安全构成威胁,并反映出犯罪分子较深的主观恶性和较大的人身危险性。因此,刑法第三百四十七条第二款第三项规定,犯罪分子具有"武装掩护走私、贩卖、运输、制造毒品"情节的,无论毒品数量多少,均应判处十五年有期徒刑以上刑罚。本案就是一起典型的贩毒人员携带枪支、弹药掩护毒品犯罪的案件。被告人莫进友贩卖少量毒品,却在实施毒品交易时随身携带枪支、弹药,并向追赶的公安人员开枪射击,虽未造成人员伤亡,但仍应认定为武装掩护贩卖毒品。人民法院根据其犯罪事实、情节,依法对其判处有期徒刑十五年,并处没收部分个人财产,体现了对武装掩护型毒品犯罪的依法严惩。

七、林坤武贩卖毒品案

多次零包贩卖毒品，且系累犯和毒品再犯，依法严惩

【基本案情】

被告人林坤武，男，汉族，1968年7月8日出生，无业。2009年1月5日因犯盗窃罪被判处有期徒刑一年零二个月，并处罚金人民币8000元；2011年1月28日因犯贩卖毒品罪被判处有期徒刑十一个月，并处罚金人民币1000元；2012年11月7日因犯贩卖毒品罪被判处有期徒刑一年零一个月，并处罚金人民币2000元，2013年7月3日刑满释放。

被告人林坤武在福建省东山县铜陵镇家中多次向吸毒人员贩卖海洛因共计0.7克。其中，2014年11月12日、27日，林坤武在家中两次向吸毒人员洪某贩卖海洛因，每次0.1克；同月13日、27日，林坤武在家中两次向吸毒人员陈某某贩卖海洛因，每次0.1克；同月25日、26日、27日，林坤武在家中三次向吸毒人员何某某贩卖海洛因，每次0.1克。同月27日，公安人员在林坤武家中将其抓获，并当场从客厅查获0.7克海洛因。

【裁判结果】

本案由福建省东山县人民法院一审，福建省漳州市中级人民法院二审。

法院认为，被告人林坤武贩卖海洛因，其行为已构成贩卖毒品罪。林坤武多次并向多人贩卖毒品，犯罪情节严重，且其曾因犯贩卖毒品罪被判刑，在刑罚执行完毕后五年内又犯贩卖毒品罪，系累犯和毒品再犯，应依法从重处罚。据此，依法对被告人林坤武判处有期徒刑四年零八个月，并处罚金人民币3000元。

上述裁判已于2015年10月29日发生法律效力。

【典型意义】

近年来,受毒品消费市场持续膨胀影响,涉案毒品数量在10克以下的零包贩毒案件增长迅速,且此类案件在贩卖毒品案件乃至全部毒品犯罪案件中均占有较高比例。零包贩毒是毒品犯罪的末端环节,直接导致毒品进入吸食、消费领域,社会危害不容忽视。因此,严厉打击零包贩毒犯罪,是有效遏制毒品问题蔓延和毒品犯罪增长的重要手段。本案中,被告人林坤武每次贩卖海洛因仅0.1克,共贩卖海洛因1.4克,虽然数量较少,但其多次并向多名吸毒人员贩卖毒品,具有较大的社会危害性。根据相关司法解释的规定,其犯罪行为属于刑法第三百四十七条第四款规定的"情节严重",依法应当判处三年以上七年以下有期徒刑。林坤武有三次犯罪前科,且两次因犯贩卖毒品罪被判刑,仍不思悔改,又贩卖毒品,主观恶性较深。人民法院根据其犯罪事实,及其系累犯、毒品再犯的情节,在法定量刑幅度内对其从重判处刑罚,较好地贯彻了严厉打击末端毒品犯罪的刑事政策。

八、高锋容留他人吸毒案

娱乐场所管理者容留多人吸食毒品,依法严惩

【基本案情】

被告人高锋,男,汉族,1977年6月20日出生,广东省珠海市香洲区东方星会所经理。

2014年10月16日,被告人高锋应聘到珠海市香洲区南湾南路4017号东方星会所任经理,负责会所的经营、订房等全面工作。同年12月1日0时许,高锋在明知有客人要在该会所内吸毒的情况下,仍然将两个房间提供给客人娱乐消费。当日3时许,公安人员在该会所的两个房间内查获55名吸毒人员。当日16时许,高锋被抓获归案。

【裁判结果】

本案由广东省珠海市香洲区人民法院一审，珠海市中级人民法院二审。

法院认为，被告人高锋容留他人吸食毒品，其行为已构成容留他人吸毒罪。高锋归案后如实供述自己的罪行，认罪态度较好，依法可以从轻处罚。据此，依法对被告人高锋判处有期徒刑二年，并处罚金人民币5万元。

上述裁判已于2015年6月26日发生法律效力。

【典型意义】

近年来，容留他人吸毒犯罪案件增长迅速。其中，一些娱乐场所的经营者、管理者为招揽生意而容留他人吸毒的案件时有发生。本案就是一起娱乐场所管理者容留多人吸毒的典型案例。被告人高锋作为涉案娱乐场所的管理者，明知有顾客要在其会所包房内吸食毒品，但其为了增加营业收入，仍为他人提供吸食毒品的场所，且一次性容留55人吸毒，犯罪情节恶劣。人民法院根据其犯罪性质、情节、后果，依法对其从严惩处。该案例告诫娱乐场所的经营者、管理者，应当认真遵守国家禁毒法律法规，严格落实禁毒防范措施，预防毒品违法犯罪在本场所内发生，发现娱乐场所内有毒品违法犯罪活动的，应立即向公安机关报告，绝不能为了招揽生意或者碍于情面而容留他人吸毒。禁绝毒品，人人有责，作为公共场所的经营者、管理者，更应提高防毒拒毒的责任意识。

九、李贵松等抢劫案

为获取毒资共谋抢劫，并利用未成年人犯罪，依法严惩

【基本案情】

被告人李贵松，男，汉族，1990年9月17日出生，农民。

被告人王洪，男，汉族，1990年10月5日出生，农民。

被告人李贵松系吸毒人员，无正当收入来源。为谋钱财，李贵松伙同被告人王洪指使女性未成年人杨某某、丁某某等人，以招嫖名义将嫖娼人员诱骗至隐蔽处实施抢劫。2015 年 5 月 31 日晚，杨某某、丁某某在云南省大理市一公园内招嫖，后丁某某将被害人张某某带至该市下关镇一小区单元楼入口处。丁某某打电话联系李贵松，李贵松、王洪等人赶到后，采用暴力手段劫取张某某现金 1500 余元。

【裁判结果】

本案由云南省大理市人民法院审理。

法院认为，被告人李贵松、王洪以非法占有为目的，采用暴力手段劫取他人财物，其行为均已构成抢劫罪。在共同犯罪中，李贵松、王洪共谋抢劫，纠集未成年人参与作案，并积极实施抢劫行为，均起主要作用，系主犯，对二人均应按照其所参与的全部犯罪处罚。据此，依法对被告人李贵松、王洪均判处有期徒刑四年，并处罚金人民币 2000 元。

宣判后，在法定期限内没有上诉、抗诉，上述裁判已于 2016 年 4 月 19 日发生法律效力。

【典型意义】

吸食毒品花费巨大，且戒断难度大、复吸比例较高。一旦沾染毒品，即如同踏上一条“不归路”，一些吸毒人员因此倾家荡产、家庭破裂，也有一些吸毒人员为获取购毒资金不惜以身试法、铤而走险。近年来，无收入来源的吸毒人员为获取毒资，实施抢劫、盗窃等侵财性犯罪的案件呈上升趋势。本案中，被告人李贵松系吸毒人员，其为筹集毒资及生活费用，与他人共谋以色诱的方式实施抢劫，并利用女性未成年人实施犯罪，最终受到法律的严惩。未成年人杨某某系农村外出务工人员，认识李贵松后受到李的诱惑、哄骗开始吸毒，又在李的指使下参与抢劫，走上违法犯罪道路。未成年人涉世未深，抵制诱惑、分辨是非的能力不强，容易受到身边不良因素的影响而沾染恶习。杨某某的经历充分说明毒品对未成年人的特殊危害，为广大未成年人及家长敲响了警钟。希望广大群众尤其是青少年能够深刻认识本案例的警示作用,自觉远离毒品、抵制毒品危害。

十、陈学建以危险方法危害公共安全案

吸毒后驾驶机动车危害公共安全,投案自首,依法惩处

【基本案情】

被告人陈学建,男,汉族,1984 年 2 月 29 日出生,个体经营户。

2015 年 3 月 20 日,被告人陈学建驾车途中,在一高速公路服务区停车吸食毒品。当日 23 时许,陈学建驾车行至上海市曲阳路、中山北二路时,遇公安人员设卡例行检查。陈学建拒不接受检查,强行驾车闯卡逃逸,公安人员遂驾驶警车对其进行追截。陈学建驾车连续闯红灯、在非机动车道逆向快速行驶、碰撞道路隔离栏,并剐倒一名行人,在逃至广灵二路近广纪路口时被追截的警车碰撞仍不停车,在撞碎一面包房玻璃墙后弃车逃跑。次日,陈学建向公安机关投案。

【裁判结果】

本案由上海市虹口区人民法院审理。

法院认为,被告人陈学建吸食毒品后驾车违章行驶,危及不特定多数人的人身、财产安全,其行为已构成以危险方法危害公共安全罪。陈学建作案后主动投案,如实供述犯罪事实,构成自首,依法可从轻处罚。据此,依法对被告人陈学建判处有期徒刑三年零六个月。

宣判后,在法定期限内没有上诉、抗诉,上述裁判已于 2015 年 9 月 18 日发生法律效力。

【典型意义】

吸食毒品严重危害吸毒人员身心健康。一些毒品因具有兴奋、致幻作用,吸食后会对吸毒人员的驾驶能力产生影响,使其出现感知错位、注意力无法集中、幻视幻听等症状。因此,吸毒后驾驶机动车,极易因驾驶行为失控而肇事肇祸。此类案件近年来已多次发生。本案就是一起吸毒后驾驶机动车危害公共安全的典型案例。被告人陈

学建吸食毒品后驾车进入上海市区，遇检查而强行闯卡、连续违章，并撞击公共设施、刮蹭行人、毁坏他人财物，其行为严重影响交通安全，并对不特定多数人的人身、财产权益造成了损害。人民法院依法认定陈学建的行为构成以危险方法危害公共安全罪，但鉴于其有自首情节而对其从轻处罚，较好地体现了宽严相济刑事政策。

最高人民法院发布毒品犯罪及吸毒诱发的严重犯罪典型案例

（2015 年 6 月 25 日）

案例 1

陈浩亮贩卖、运输毒品、于喜库贩卖毒品案

——跨省贩卖、运输毒品，数量大，且均具有从重处罚情节，罪行极其严重

（一）基本案情

被告人陈浩亮，男，汉族，1971 年 4 月 26 日出生，无业。1989 年 10 月 9 日因犯盗窃罪、抢劫罪被判处无期徒刑，剥夺政治权利终身，2006 年 7 月 29 日刑满释放。

被告人于喜库，男，汉族，1962 年 10 月 7 日出生，无业。1996 年 11 月 21 日因犯贩卖毒品罪被判处有期徒刑九年；2004 年 9 月 8 日因

犯贩卖毒品罪被判处有期徒刑二年,并处罚金人民币一千元,2006 年 5 月 5 日刑满释放。

2011 年初,被告人陈浩亮从外地购回甲基苯丙胺(冰毒)700 克,因质量不好未能全部卖出,剩余 683.32 克毒品藏于其辽宁省鞍山市的住所内。

2011 年 9 月 8 日,被告人陈浩亮到广东省广州市,从被告人于喜库处购得甲基苯丙胺 300 克及少量甲基苯丙胺片剂("麻古")带回鞍山市,向多人进行贩卖,所剩 81 克甲基苯丙胺在案发后被查获。

2011 年 9 月 25 日,被告人陈浩亮再次前往广州市,从被告人于喜库处购得甲基苯丙胺 2474.5 克、甲基苯丙胺片剂 57.1 克。同月 28 日,陈浩亮回到其鞍山市的住所楼下时被抓获,公安人员当场查获本次所购毒品。公安人员还在陈浩亮住所内查获前述质量不好的甲基苯丙胺 683.32 克,以及含甲基苯丙胺成分的红色粉末 21.71 克、甲基苯丙胺片剂 2.05 克。陈浩亮到案后协助公安人员抓获于喜库。

综上,被告人陈浩亮贩卖、运输甲基苯丙胺和甲基苯丙胺片剂共计 3500 余克;被告人于喜库贩卖甲基苯丙胺和甲基苯丙胺片剂共计 2800 余克。

(二)裁判结果

本案由辽宁省鞍山市中级人民法院一审,辽宁省高级人民法院二审。最高人民法院对本案进行了死刑复核。

法院认为,被告人陈浩亮非法贩卖、运输甲基苯丙胺,其行为已构成贩卖、运输毒品罪;被告人于喜库非法贩卖甲基苯丙胺,其行为已构成贩卖毒品罪。陈浩亮多次贩卖、运输毒品,数量大,社会危害大,罪行极其严重,且其曾因犯盗窃罪、抢劫罪被判处无期徒刑,刑罚执行完毕后又犯罪,主观恶性深,人身危险性大,应依法惩处。虽然陈浩亮具有重大立功表现,但不足以从轻处罚。于喜库贩卖毒品数量大,社会危害大,罪行极其严重,且其曾两次因犯贩卖毒品罪被判刑,刑罚执行完毕后又犯贩卖毒品罪,系毒品再犯,主观恶性深,人身危险性大,应依法从重处罚。据此,依法对被告人陈浩亮、于喜库均判处并核准死刑。

罪犯陈浩亮、于喜库已于2014年9月26日被依法执行死刑。

案例2

邓科贩卖、制造毒品、非法持有枪支、弹药、容留他人吸毒、黄浩、黄可荣制造毒品、刘鹏贩卖毒品案

——制造、贩卖氯胺酮，数量大，罪行极其严重

（一）基本案情

被告人邓科，男，汉族，1986年9月13日出生，无业。

被告人黄浩，男，汉族，1985年7月23日出生，农民。

被告人刘鹏，男，汉族，1985年11月14日出生，无业。

被告人黄可荣，男，汉族，1974年12月20日出生，农民。

2010年7月，被告人邓科出资让被告人黄浩在四川省双流县黄浩的老家修建房屋用于制造毒品。黄浩建好房屋后，纠集被告人黄可荣制造氯胺酮。同年8月中下旬到9月初，黄浩共制造出3批氯胺酮，均交给邓科并领取报酬，邓科安排被告人刘鹏进行贩卖。同年9月2日，邓科租赁了四川省成都市某小区403房用于存放毒品。同月5日，公安人员在成都市另一小区抓获在房内吸毒的邓科等4人，当场查获氯胺酮26.55克，含甲基苯丙胺、氯胺酮成分的白色晶体5.93克，仿“六四”式手枪1支及子弹35发。公安人员另从邓科身上搜出上述403房的钥匙，在该房内查获氯胺酮13 486克，后从黄浩家中查获大量制毒原料及制毒工具。

（二）裁判结果

本案由四川省成都市中级人民法院一审，四川省高级人民法院

二审。最高人民法院对本案进行了死刑复核。

法院认为,被告人邓科伙同他人非法制造、贩卖氯胺酮,其行为已构成贩卖、制造毒品罪;邓科非法持有具有杀伤力的枪支、子弹,其行为又构成非法持有枪支、弹药罪;邓科容留他人吸食毒品,其行为还构成容留他人吸毒罪。在制造毒品共同犯罪中,邓科提供资金与交通工具,支配制造出的毒品,起组织、指挥作用,系罪责最大的主犯,应当按照其所参与和指挥的全部犯罪处罚;被告人黄浩、黄可荣在邓科的纠集下参与制造毒品,在共同犯罪中作用小于邓科。在贩卖毒品共同犯罪中,邓科安排被告人刘鹏贩卖毒品,亦系主犯;刘鹏在邓科的纠集下参与贩卖毒品,作用小于邓科。邓科制造、贩卖毒品数量大,其中部分毒品已流入社会,社会危害大,罪行极其严重,应依法惩处。对邓科所犯数罪,应依法并罚。据此,依法对被告人邓科判处并核准死刑,对被告人黄浩、刘鹏、黄可荣分别判处无期徒刑、有期徒刑十五年、有期徒刑七年。

罪犯邓科已于2015年2月12日被依法执行死刑。

案例3

王祖文故意杀人、故意伤害案

——吸毒后杀害养祖父母,并致养父受伤,
罪行极其严重

(一)基本案情

被告人王祖文,男,汉族,1992年12月18日出生,无业。

被告人王祖文自幼由养祖父王清渠(被害人,殁年80岁)、养祖母陈素莲(被害人,殁年76岁)抚养长大,案发前长期吸食氯胺酮。2013年8月11日,王祖文在福建省永春县某小区家中再次吸食氯胺酮。次日凌晨,王祖文产生杀害王清渠、陈素莲之念,遂从其卧室拿出一把双刃长剑到王清渠、陈素莲的卧室，持剑朝熟睡中的王清渠、陈素莲乱砍乱刺，致二被害人均因锐器刺破心脏而死亡。后王祖文从窗户爬出跳至楼下，王祖文的养父王伟艺（被害人，时年51岁）闻讯赶到，王祖文又持剑砍击王伟艺，致王伟艺受轻伤。

（二）裁判结果

本案由福建省泉州市中级人民法院一审，福建省高级人民法院二审。最高人民法院对本案进行了死刑复核。

法院认为，被告人王祖文持剑砍刺其养祖父母，致二人死亡，并持剑砍伤其养父，其行为已分别构成故意杀人罪、故意伤害罪。王祖文吸食毒品后行凶杀人、伤人，致2人死亡、1人轻伤，犯罪情节恶劣，手段残忍，后果和罪行极其严重，应依法惩处。对王祖文所犯数罪，应依法并罚。据此，依法对被告人王祖文判处并核准死刑。

罪犯王祖文已于2015年6月23日被依法执行死刑。

案例4

苏楚洁贩卖毒品案

——多次零包贩卖毒品，且系累犯和毒品再犯，依法严惩

（一）基本案情

被告人苏楚洁，男，汉族，1988年4月24日出生，农民。2011年10月9日因犯贩卖毒品罪被判处有期徒刑一年四个月，并处罚金人民币六千元，2012年1月16日刑满释放。

被告人苏楚洁为以贩养吸，在广东省潮州市多次将海洛因贩卖给2名吸毒人员。2014年2月至3月间，苏楚洁在该市潮安区一陶瓷厂附近，先后15次向吸毒人员苏某杭贩卖海洛因，每次0.1克，价格为100元。同年7月至8月间，苏楚洁在潮安区一菜市场附近，以

相同价格先后15次向吸毒人员苏某贩卖海洛因,每次0.1克。同年10月25日,公安人员抓获苏楚洁,并从其身上查获海洛因0.85克。

(二)裁判结果

本案由广东省潮州市潮安区人民法院审理。

法院认为,被告人苏楚洁非法贩卖海洛因,其行为已构成贩卖毒品罪。苏楚洁多次贩卖毒品,情节严重,且其曾因犯贩卖毒品罪被判刑,在刑罚执行完毕后五年内又犯贩卖毒品罪,系累犯和毒品再犯,主观恶性深,人身危险性大,应依法从重处罚。据此,依法对被告人苏楚洁判处有期徒刑三年九个月。

宣判后,在法定期限内没有上诉、抗诉,上述裁判已于2015年5月1日发生法律效力。

案例5

张清国教唆他人吸毒案

——吸毒人员教唆他人吸毒,依法惩处

(一)基本案情

被告人张清国,男,汉族,1988年5月22日出生,无业。2014年3月4日因犯诈骗罪被判处有期徒刑十个月,并处罚金人民币五千元。

被告人张清国因犯诈骗罪被判刑后,因患病未能交付执行。2014年12月8日晚,张清国从邱鹏程(另案处理,已判刑)处购得毒品,当晚再次向邱鹏程购买毒品,并让其同学林某阳驾车去邱鹏程处接取。林某阳将毒品送至浙江省温州市某小区张清国家,张清国称该物品系冰毒,并向林某阳介绍吸食冰毒后的体验,邀其共同吸食。张清国当场演示如何吸毒,后林某阳仿效张清国的方法吸食冰毒。同月11日下午,林某阳在张清国家中通过上述方式再次吸食张清国提供的冰毒时,二人被公安人员抓获。张清国到案后协助公安人员抓获了邱鹏程。

(二)裁判结果

本案由浙江省温州市龙湾区人民法院审理。

法院认为,被告人张清国向他人介绍毒品种类,宣扬吸毒体验,示范吸毒方法,邀约他人共同吸毒,其行为已构成教唆他人吸毒罪。张清国曾因犯诈骗罪被判刑,在刑罚执行完毕以前又犯教唆他人吸毒罪,对其所犯数罪,应依法并罚。张清国具有立功情节,且归案后如实供述罪行,依法可从轻处罚。据此,依法对被告人张清国以教唆他人吸毒罪判处有期徒刑八个月,与原犯诈骗罪尚未执行完毕的刑罚并罚,决定执行有期徒刑一年三个月。

宣判后,在法定期限内没有上诉、抗诉,上述裁判已于 2015 年 5 月 5 日发生法律效力。